LES MEILLEURES HISTOIRES DRÔLES DE GUY MONTAGNÉ

LES MEILLEURES HISTOIRES DRÔLES DE

GUY MONTAGNÉ

Préface
DE
PHILIPPE BOUVARD

LE CHERCHE MIDI ÉDITEUR

ISBN 2-266-06457-6

PRÉFACE

A l'origine, j'avais invité Guy Montagné aux Grosses Têtes *pour ses talents d'imitateur, qui allaient du court-circuit à Giscard d'Estaing. Et puis, radio faisant, j'ai découvert un prodigieux raconteur d'histoires. Sans doute le meilleur. S'il y avait un Nobel de la spécialité, nul doute qu'on le lui aurait remis en grandes pompes à Stockholm depuis longtemps.*

Il a tout pour être le champion de cette délicate spécialité issue à la fois de la très ancienne commedia dell'arte et de la plus récente tradition orale. A savoir : un catalogue inouï que j'évalue à près de trois mille petits chefs-d'œuvre, des talents d'auteur pour broder à l'infini sur une situation comique et des talents d'interprète pour être, en l'espace de quelques secondes et d'une manière toujours aussi crédible, un Japonais en train de se faire hara-kiri, Léon Zitrone commentant son propre orgasme, un chanteur de tango ou Jacques Chirac serrant la main d'un orang-outan en période électorale.

Enfin – qu'on me pardonne cette référence personnelle – c'est moi, je crois bien, qui lui ai suggéré de faire un tour d'histoires sur la scène de Bobino. Il m'a d'abord regardé avec l'air surpris et dubitatif d'un savant atomiste auquel on demande la recette du beurre blanc. Après quoi, il s'est lancé. Il n'est pas près de retomber.

Philippe Bouvard

LES HISTOIRES DU PETIT NONO

C'est la rentrée des classes. Madame Guignolet, la nouvelle maîtresse, entre dans la salle où les élèves du cours élémentaire [1] révisent leurs connaissances en calcul en dénombrant les acariens qui envahissent déjà leurs chères têtes blondes. Elle porte une jolie robe rouge avec un splendide décolleté.

– Bonjour, les enfants! lance-t-elle joyeusement.

– Bonjour, maîtresse, répond la petite classe bien dressée.

– Pour bien commencer l'année, nous allons jouer aux devinettes.

– J'en ai une, j'en ai une, clame un dadais rougeaud près du radiateur.

– Tout à l'heure, Nono, coupe la maîtresse. D'abord, c'est moi qui pose la devinette, ensuite ce sera le tour de la classe. Qu'est-ce qui a la gorge rouge et qui chante merveilleusement bien?

– Madame, madame! C'est vous, Madame, dit un petit blondinet.

---

1. Mon cher Watson...

– Non, non, Jonathan. Ce n'est pas moi, c'est le rouge gorge. Mais c'est gentil d'y avoir pensé. Bon, maintenant, qui veut faire une devinette?

Le nommé Nono bondit à nouveau sur son siège.

– Moi, moi, Madame.

– Vas-y, Nono, capitule la maîtresse.

– C'est dans ma poche, c'est long, c'est dur et ça a un bout rouge. Qu'est-ce que c'est?

Outrée, madame Guignolet devient plus rouge que sa robe.

– Oh! Nono! Quelle honte! s'étouffe-t-elle. Ah, tu commences bien ton triplage [1] de cours élémentaire! Cette devinette est dégoûtante.

– Mais non, Madame, c'est une allumette, dit Nono en ricanant bêtement. Mais c'est gentil d'y avoir pensé!

*

La vieille tante de Nono est de mauvaise humeur parce que son médecin lui a prescrit un suppositoire. Elle a horreur des suppositoires car, étant dotée par nature d'une taille d'hippopotame et de bras trop courts, elle n'arrive jamais à les placer dans ce que Midas a coutume de changer sur une voiture. Elle vient d'en écraser trois en tentant de s'asseoir dessus lorsque Nono, son petit-neveu, sonne chez elle en rentrant de l'école.

– Bonjour, tatie Renée, dit Nono en déposant deux gros baisers mouillés sur les vieilles joues trop tendues pour être ridées.

– Alors, comment s'est passé ton premier jour d'école? demande la grosse tante.

– Très bien.

– Tu veux un gâteau et un verre de jus de fruit?

– Oui, tatie!

– D'accord, dit la tante qui vient d'avoir une idée. Mais avant, tu vas m'aider à mettre mon suppositoire.

Sans commentaire inutile, elle entraîne son petit-neveu dans le salon. Elle se met à quatre pattes sur le canapé et présente son gigantesque postérieur dénudé.

---

1. Redoublage du redoublement.

– Il y a une boîte de suppositoires sur la table. Prends-en un et mets-le où tu sais qu'on met les suppositoires.

Nono ouvre la boîte, sort l'une des ogives fondantes et semble soudain perplexe devant l'immense fessier qu'on lui désigne pour cible.

– Bon, alors, qu'est-ce que tu fais? demande la grosse vieille qui s'impatiente.

– C'est-à-dire, hésite Nono, je ne sais pas trop comment faire avec ton suppositoire...

– Tu ne sais pas mettre un suppo?

– Si, tatie. Mais je le mets dans le petit trou ou je le donne au dindon?

*

Second jour d'école. Madame Guignolet entre dans la classe en compagnie d'un jeune garçon noir.

– Mes enfants, dit-elle, je vous présente Mambo Casa Gouroundi. C'est le fils du président Gouroundi du Boun'dala. Il vient faire ses études en France pour devenir ministre de la Culture de son beau pays. Nono, fais-lui une place près de toi.

– Oui, Madame, répond Nono en rangeant l'inqualifiable bric-à-brac qui s'étale sur sa table. Le jeune Africain le rejoint.

– Maintenant, enchaîne madame Guignolet, nous allons étudier l'emploi du verbe « supposer » dans une phrase. Faites-moi une phrase dans laquelle vous supposez quelque chose.

Le premier de la classe, chev ıx blonds gominés et blaser bleu marine, lève le doigt.

– Vas-y, Charles-Albert, dit la maîtresse.

– Ma mère est en robe longue et mon père enfile sa veste de smoking. Je suppose qu'ils vont à la messe à la Madeleine.

– Bien! A toi Nono!

Ce dernier, surpris, balbutie. Heureusement pour lui, son nouveau voisin lui glisse discrètement une réponse.

– Ma mère rentre à la maison avec un panier plein de légumes, dit Nono. Je suppose qu'elle revient du marché.

– Mambo Casa, se fâche la maîtresse qui n'est pas dupe. Tu as soufflé, je t'ai vu!

Le jeune Africain roule des yeux terrifiés.

– Voyons si tu sais répondre aussi bien que tu triches, continue la maîtresse. Fais-moi une phrase avec « Je suppose ».

– Je vais en vacances dans mon village, lance Mambo Casa pris au dépourvu. Et soudain, je vois ma grand-mère qui sort de la case avec un journal sous le bras. Comme elle ne sait pas lire, je suppose qu'elle va aux cabinets.

*

Troisième semaine d'école. Madame Guignolet est très contente de ses élèves. A part Nono qui patauge toujours dans la bouillasse de sa cancrerie, toute la classe s'est élevée à un niveau très supérieur à celui qu'on en attendait. A tel point qu'un jour la maîtresse décide d'attaquer un sujet hautement philosophique.

– Connaissez-vous la métempsycose? demande-t-elle aux enfants; Charles-Albert lève le doigt.

– C'est la réincarnation, Madame.

La classe entière regarde Charles-Albert, médusée comme un radeau.

– Bravo, mon petit, dit la maîtresse. A ce propos, en quoi voudrais-tu être réincarné?

– En cheval, Madame, parce que je trouve ça beau.

– Bien et toi, Nono?

– Je voudrais être réincarné en casserole.

– En casserole? Pourquoi en casserole, Nono?

– Parce qu'une casserole, elle a toujours le cul au chaud, le ventre plein et la queue en l'air.

*

Quatrième semaine d'école.

– Vous faites tous des progrès en français, dit la maîtresse. Sauf Nono, évidemment. Nous allons donc faire un exercice. Venez au tableau et faites une phrase avec le mot « hameçon ». A toi, Margot!

Une petite blonde à couettes et joues bien roses s'avance en se dandinant comme un canard. Elle se tourne vers la classe.

– Mon papa est allé à la pêche avec une canne à pêche et un hameçon.

– C'est très bien, Margot. Au suivant, Maxime!

Un petit brun taciturne s'avance en roulant des mécaniques.

– A la place de sa main, le capitaine Crochet portait un hameçon.

– C'est bien.

– Et c'était bien fait pour sa gueule, s'énerve soudain Maxime, il avait qu'à pas emmerder Peter Pan...

– Ça suffit, Maxime, coupe la maîtresse. Au suivant! Nono, fais donc une phrase avec « hameçon ».

A contrecœur, Nono va au tableau.

– Ben, heu, hésite-t-il.

– Allez, Nono, fais un effort, l'encourage madame Guignolet.

– Hier, ma mère m'a acheté des chaussures mais je peux pas les porter parce que « ha'me sont » trop petites.

*

Deuxième trimestre à l'école. On frappe à la porte de la classe. Surprise, c'est le directeur de l'école, accompagné d'une splendide jeune femme brune aux formes très sensuelles dont la minijupe est tellement courte qu'il est inutile de faire tomber sa gomme pour être premier en « mate ».

– Excusez-moi d'interrompre votre cours, madame Guignolet, dit le directeur. Je viens présenter miss Warmbuns aux enfants. Elle est professeur d'anglais.

– Enchantée, répond poliment madame Guignolet. Mais l'anglais n'est pas prévu au programme de cette classe.

– Je sais, je sais, enchaîne le directeur. Je voudrais simplement faire un test pour savoir si les enfants ont des connaissances linguistiques.

– Bon, fait la maîtresse contrariée en laissant sa place à l'autre.

Miss Warmbuns monte sur l'estrade en ondulant de la croupe. Le directeur, qui s'est assis au fond de la classe près de Nono, en est tout cramoisi.

– Mes enfants, dit la prof d'anglais avec son adorable accent, savez-vous ce que veut dire cette phrase?

Elle prend une craie et écrit au tableau : « The flowers are red ». Les élèves se consultent. On murmure des réponses. Manifestement personne ne comprend un mot d'anglais.

– Alors! insiste la jolie maîtresse en soulignant la phrase au tableau d'un mouvement de craie si sensuel que le directeur roule des yeux dont l'orbite s'agrandit. Qui peut me dire ce que signifie « The flowers are red »?

– Moi, je sais, braille soudain Nono.

– Viens nous dire ça au tableau, dit gentiment la jeune femme.

Nono monte sur l'estrade.

– « Les fleurs sont raides », traduit-il avec fierté, ça m'étonne pas avec le cul qu'elle a.

Rire général dans la classe. Outrée, miss Warmbuns donne une gifle retentissante à Nono qui retourne à sa place en tenant sa joue douloureuse. Furieux, il lance alors au directeur :

– Quand on sait pas, on souffle pas!

*

– Il est l'heure d'aller au lit, dit la mère de Nono à son fils.

En ronchonnant, ce dernier s'extirpe du canapé dans lequel il vient de regarder *Lassie, chien d'infidèle*, qui est la suite de *Tintin en Irak*.

Il monte dans sa chambre et, en passant devant celle de sa grande sœur, il entend celle-ci gémir.

– Un homme! Ah, je veux un homme!

Très étonné, Nono pousse discrètement la porte et voit la grande adolescente allongée sur son lit en train de se caresser la poitrine.

– Rha, je veux un homme. Un homme, soupire-t-elle.

Nono se dit que sa sœur a dû péter un plomb mais

comme il estime qu'elle n'en a pas beaucoup dans la tête, il ne s'inquiète pas et va se coucher.

Lorsque, le lendemain, Nono rentre de l'école, il fait déjà presque nuit. En arrivant près de chez lui, il aperçoit une voiture en stationnement agitée de bien étrange façon. Il s'en approche et reconnaît, à l'intérieur, sa grande sœur en compagnie d'un homme qui l'embrasse et lui palpe copieusement les rondeurs. Nono rentre alors à la maison, monte directement dans sa chambre et, une fois au lit, il se caresse la poitrine furieusement en rugissant :

– Un *Game Boy*! Ah, je veux un *Game Boy*!

*

Troisième trimestre. Nono fait des efforts pour tenter de rattraper son retard. Il augmente les pots-de-vin qu'il verse à son voisin Mambo Caza sur lequel il copie sans vergogne. Mais ce matin-là, la maîtresse fait une interrogation orale.

– Vous vous souvenez de la fable de La Fontaine que nous avons étudiée hier? demande-t-elle.

– Oui, Madame, font les enfants.

– Bien, reprend madame Guignolet. Vous savez donc ce qu'est la morale d'une histoire. Qui peut me donner un exemple de morale?

– Moi, moi, m'dame! crie Nono.

– Non, pas toi, Nono, dit la maîtresse qui veut éviter à la classe d'entendre des horreurs. Vas-y, Magali.

La fillette ainsi désignée est tellement enrhumée qu'on dirait qu'elle s'est débarbouillée avec une limace. Elle s'essuie d'un revers de manche et se lance :

– L'autre jour, mon grand frère s'est moqué de moi parce que j'avais eu un zéro en calcul. Mais lui, il avait un zéro en français. Moralité : Qui se sent morveux, qu'il se mouche.

– Oui, c'est pas mal, dit la maîtresse dubitative.

– A moi, à moi! s'écrie Nono, tout excité.

– Non! Martial a levé le doigt avant. Donne-nous ta morale, Martial.

Martial se lève et se tortille sous l'effet du trac comme une chenille dans un grille-pain.

– Ben, voilà. Samedi, j'ai cassé un carreau avec mon ballon de foot. Mon père m'a filé une raclée. Moralité : la raison du plus fort est toujours la meilleure.

– C'est bien, c'est bien, fait la maîtresse.

– Non, c'est nul. Il a rien compris, dit Nono furieux. Moi, j'en ai une de morale, Madame!

– Bon, vas-y, Nono. Donne-nous ta morale, fait la maîtresse pour avoir la paix.

Nono se lève, énervé.

– C'est les tortues Ninja qui sortent des égouts. Elles tombent sur un clochard des rues qui est bourré. Alors le clochard il se fout de leurs gueules aux tortues Ninja. Il les appelle en verlan les tortues Janine. Alors les tortues elles lui sautent dessus et puis elles lui coupent les oreilles et puis elles z'y font bouffer. Et puis après, elles foutent le clochard à poil et elles le jettent dans une citerne pleine d'huile bouillante. Et puis elles lui roulent dessus avec un bulldozer. Et puis elles lui foutent des coups de karaté dans la gueule et dans les...

– Bon, elle est très jolie, ton histoire, coupe prudemment la maîtresse, mais nous aimerions bien en connaître la morale.

– La morale, dit Nono, c'est qu'il faut pas emmerder les tortues Ninja.

LES HISTOIRES DE L'ADJUDANT BUZARD

L'adjudant Buzard est furieux. Il tourne en rond nerveusement, les mains dans le dos, dans la cour déserte de la caserne.

– Bande de petits salopards, gronde-t-il. Tous absents dès le premier jour du service militaire. Ils vont me le payer cher. On serait en temps de guerre, ce serait douze balles dans le buffet et le coup de grâce dans le béret, histoire de leur mettre du plomb dans la tête.

L'adjudant s'immobilise soudain, un conscrit arrive en courant, essoufflé, traînant une grosse valise à bout de bras. Il s'arrête devant Buzard qui se contient.

– Alors, la bleusaille. T'as vu l'heure?

– Je m'excuse, mon adjudant, répond le bidasse avec un accent qui sent l'ail et la farigoulette. Mon père a voulu m'accompagner à la gare avec la carriole et le cheval de la ferme. Hélas, à trois kilomètres de la gare, voilà le cheval qui nous fait une crise cardiaque et qui meurt en plein milieu de la route. Ce qui fait que j'ai raté mon train.

– Bon, très bien, grogne Buzard. Je te crois mais c'est parce que c'est le premier jour.

A peine l'adjudant a-t-il fini sa phrase qu'un deuxième conscrit arrive en courant, traînant derrière lui un gros sac de sport.

– Alors, bougre de petit salopard? crie Buzard.

– Je m'excuse, mon adjudant, répond le second retardataire. Mon père a voulu m'accompagner à la gare avec la carriole et le cheval de la ferme. Malheureusement, à trois kilomètres de la gare, voilà le cheval qui nous fait une crise cardiaque et qui meurt en plein milieu de la route. Ce qui fait que j'ai raté mon train.

– Tu te fous de ma gueule? dit Buzard que la colère rend aussi rouge que son béret. C'est la même histoire que l'autre!

– Mais c'est vrai, mon adjudant, insiste le bidasse.

– Quatre jours au trou. Je te fous quatre jours au trou, hurle l'adjudant.

Et voici un troisième puis un quatrième conscrit qui arrivent suivis bientôt de toute la section. Ils racontent tous la même histoire de carriole et de cheval mort d'une crise cardiaque à trois kilomètres de la gare. L'adjudant Buzard ne décolère pas.

– J'ai jamais vu autant de chevaux morts de la même crise cardiaque, braille-t-il. C'est carrément l'aorte sauvage.

A cet instant le dernier conscrit arrive d'un pas tranquille et se place au garde-à-vous devant Buzard, le petit doigt sur la couture du pantalon. Ce qui n'impressionne pas l'adjudant.

– Je sais ce que tu vas me dire, bougre de salopard, lui rugit-il dans le nez. Ton père a voulu t'accompagner avec le cheval mais, à trois kilomètres de la gare, le cheval a eu une crise cardiaque!

– Non, mon adjudant, laisse tomber le bidasse. Mon père m'a emmené en voiture.

– Mais alors pourquoi que t'es en retard? demande Buzard, décontenancé.

– Arrivé à trois kilomètres de la gare, on est tombé sur un énorme tas de chevaux morts qui bloquait la route. Le temps qu'on fasse le tour, j'ai raté mon train.

*

La section commandée par l'adjudant Buzard fait ses premiers pas sur le champ de manœuvres. En arrivant à la lisière d'un bois, le sous-off fait stopper ses petits gars.

– Section, halte! lance-t-il. Aujourd'hui, je vais vous apprendre à vous camoufler. Soldat Mahmoud, va dans le bois et déguise-toi en arbre.

– Mon adjudant, répond Mahmoud, vous ne préférez pas que je me déguise en dromadaire avec un sac à dos et une couverture? Parce qu'en arbre, je ne sais pas bien...

– T'as qu'à ramasser des branches et des feuilles, abruti. Dépêche-toi. Nous, on compte jusqu'à cent et on essaie de te retrouver. Et t'as intérêt à bien te camoufler, sinon je te fais nettoyer les chiottes avec ta brosse à dents.

Le nommé Mahmoud se le tient pour dit. Il fonce dans le bois et tandis que ses camarades égrènent le compte à rebours, il ramasse en hâte feuilles et branches. Il se déguise tellement bien en arbre que pour le retrouver Buzard est obligé de balancer des grenades lacrymogènes dans la futaie.

– Alors, espèce de crétin, lui dit l'adjudant, vexé. Où c'est que t'étais?

– Dans le bois, mon adjudant. Vous êtes passé dix fois devant moi sans me voir, dit Mahmoud.

– T'as dû bien te marrer!

– Pas vraiment, mon adjudant! Parce qu'il y a un écureuil qui est monté dans ma jambe de pantalon, qui a trouvé les noisettes et aussi le trou pour les cacher.

*

L'adjudant Buzard est angoissé. Il a appris que le général allait effectuer une visite-surprise. Alors, tandis que les soldats nettoient l'intérieur du baraquement, il en fait le tour pour une toute dernière inspection. Brusquement, levant les yeux, il aperçoit les fesses d'un bidasse déculotté assis sur le bord de la fenêtre.

– Bougnard, s'exclame-t-il. T'as pas fini de nous montrer la lune en plein jour?

Le soldat Bougnard ainsi interpellé se retourne.
– Mais mon adjudant, s'excuse-t-il, j'attends que Martineau ait fini de repasser mon pantalon.
– C'est pas une raison pour mettre ton cul à la fenêtre. Et si le général passait et qu'il te voyait, bougre de petit salopard, qu'est-ce qu'il dirait?
– Mais il est passé, mon adjudant.
– Quoi? Comment? Et il t'a vu? s'étrangle Buzard.
– Oui, mon adjudant!
– Et qu'est-ce qu'il a dit?
– Il a dit « Bonjour, mon adjudant! »

*

Le soldat Mahmoud vient d'entrer dans le bureau de l'adjudant. Il fait claquer ses rangers et porte sa main à son béret dans un salut aussi mou qu'une escalope à la guimauve.
– Repos, lui dit Buzard. Mon petit Mahmoud, j'ai des consignes tout à fait particulières de l'état-major pour enquêter sur l'attitude des appelés français vis-à-vis des appelés d'origine étrangère et particulièrement maghrébine.
– Mais je suis pas étranger, mon adjudant, je suis né à Sarcelles!
– Je veux dire par là, mon petit Mahmoud, reprend Buzard, que j'aimerais savoir si tes camarades de chambrée se comportent aussi correctement avec toi que si ton bronzage avait été fait aux UVA?
– Oui, oui! Ils sont très gentils, dit Mahmoud en souriant. Au début, ils me faisaient des farces. Ils me mettaient du cirage dans mon tube de dentifrice. Mais maintenant, ça marche plus. Je reconnais le goût à chaque fois.

*

– Rassemblement et plus vite que ça! vient de hurler l'adjudant Buzard au milieu de la cour de la caserne.
Les soldats, surpris dans des corvées diverses, bondissent et s'alignent aussitôt devant leur chef.

– Soldats, j'ai entendu dire par certains d'entre vous que le soldat Dugrumier était séropositif. Dugrumier, sors des rangs.

Le pauvre Dugrumier fait un pas en avant, tout pâle. Buzard s'approche de lui.

– Soldats ! Votre camarade Dugrumier ne doit être mis en quarantaine sous aucun prétexte. Le médecin-major s'est cru drôle en lui prescrivant des pizzas en guise de remède parce que c'est la seule chose qu'on peut lui passer sous la porte. Ça ne me fait pas rire. Dugrumier est un soldat comme les autres. Et je le prouve.

Ce disant, Buzard sort son canif et se coupe le bout de l'index. Puis saisissant l'index de Dugrumier, il l'entaille également. Alors sous les yeux horrifiés des soldats, il applique les deux plaies l'une contre l'autre.

– Vous voyez, reprend Buzard, auréolé d'une gloire soudaine. Le sida, ça ne me fait pas peur.

Devant un tel geste de courage, les soldats applaudissent, les larmes aux yeux.

– C'est compris ? Bon ! Rompez les rangs.

Les bidasses retournent à leurs corvées tout en emmenant Dugrumier qui n'en revient pas. Le caporal Blaise s'approche alors de Buzard qui se fait un pansement avec un bout de sparadrap.

– Mon adjudant, qu'avez-vous fait ? Vous êtes devenu complètement fou ? Vous êtes sûrement séropositif maintenant.

– Ah ! ah ! Qu'est-ce que vous croyez, caporal, s'esclaffe Buzard, j'avais mis un préservatif.

*

L'adjudant Buzard a été désigné pour faire partie du corps expéditionnaire français des casques bleus en Yougoslavie. Il se retrouve à la tête d'une section du régiment étranger de parachutistes, retranchée face aux positions serbes, dans la cave d'une ferme bosniaque.

– Van de Glôut, lance-t-il à l'un des paras. Va faire un tour derrière les lignes ennemies et ramène-moi un prisonnier pour que je puisse me le cuisiner.

– Tout de suite, chef!

Le courageux légionnaire belge s'élance hors de la cave. Buzard le regarde s'éloigner, sautant d'obstacle en obstacle. Et l'attente interminable commence. Au bout de quatre heures, l'adjudant finit de ronger le dernier ongle de ses mains et s'apprête à attaquer ceux de ses pieds lorsque son talkie-walkie se met à grésiller.

– Allô! Tango Zoulou à Yankee Fox-trot, une fois...

Pas d'erreur possible, c'est la voix de Van de Glôut. L'adjudant bondit.

– Yankee Fox-trot à Tango Zoulou, j'écoute! Alors, qu'est-ce que tu foutais, bougre de salopard! T'as trouvé un prisonnier?

– Plusieurs, rectifie le Belge.

– Bravo, mon petit gars, exulte Buzard. Ramène-les.

– Je ne peux pas, mon adjudant, ils veulent pas me laisser partir.

*

L'adjudant Buzard a décidé de ramener des prisonniers lui-même. Il va derrière les lignes ennemies en compagnie de John Rambo, un légionnaire américain. Arrivé à l'entrée du village croate tenu par les forces serbes, il fait signe à Rambo de s'approcher de lui.

– On n'a qu'à faire le tour du village pour les prendre par-derrière. Moi je passe à gauche, toi tu passes à droite.

– Affirmatif, lui répond Rambo qui se double lui-même en français dans la vie.

Les deux casques bleus se séparent alors, avançant comme des fauves, les mains cramponnées à l'énorme fusil-mitrailleur-porte-baïonnette-lance-grenades à infrarouge avec visée laser et cafetière électrique. Et brusquement, alors qu'il arrive de l'autre côté du village en traversant la décharge municipale, Buzard heurte une poubelle. En voulant se rattraper, il appuie maladroitement sur la gâchette de son arme. Rambo, qui vient d'apparaître à quelques mètres, prend la rafale en pleine figure. Le visage en compote il laisse échapper un long cri de douleur.

– Aaaaah! Adrienne, hurle-t-il comme chaque fois qu'il a mal.
Buzard, très embêté, s'approche de lui.
– Bon, ça va, ronchonne-t-il. Fais pas cette tête-là, moi aussi j'ai eu peur.

*

Buzard s'en revient de guerre. Il sonne à la porte du petit pavillon de banlieue où Arlette, son épouse, l'attend avec impatience. Toute contente, elle vient lui ouvrir. Mais au moment où elle va lui sauter au cou comme une mine à la gueule d'un grenadier voltigeur, elle découvre que son époux porte un pneu de voiture sous chaque bras.
– Qu'est-ce que c'est que ça? demande-t-elle.
– Des pneus de Jeep, ma petite poule, dit l'adjudant enjoué.
– Qu'est-ce que tu vas faire avec des pneus de Jeep? Tu n'as pas de Jeep!
– Et alors, répond Buzard. Tu mets bien un soutien-gorge, toi!

*

C'est dimanche chez l'adjudant Buzard. Après un dîner tendrement servi par Arlette, sa femme, il s'est assis dans le gros fauteuil capitonné du salon. Et le voilà qui plonge son nez dans le journal. Dans la perspective d'un repos du guerrier dont elle n'a pas goûté les plaisirs depuis longtemps, Arlette retire son tablier et vient se blottir contre l'adjudant.
– Mon chéri! Si on finissait ce dimanche en beauté? propose-t-elle en roucoulant comme une tourte raide.
Pour toute réponse, Buzard laisse échapper un grognement et tourne une page du journal.
– Je ne comprends pas, dit alors Arlette, chagrinée. Autrefois, tu ne te faisais pas prier pour me caresser doucement la poitrine.
– Oui, dit l'adjudant, mais autrefois je ne risquais pas de la confondre avec tes genoux.

*

On donne un bal masqué à l'état-major. Buzard et Arlette, sa femme, s'y préparent. L'adjudant est en train de s'attacher des charentaises sur les genoux pour se déguiser en Grincheux. Soudain, il entend le bruit d'une grosse déchirure provenant de la salle de bains.
– Oh crotte! s'écrie Arlette. J'ai déchiré ma robe de Blanche Neige.
– Et voilà, crie Buzard. C'est bien la peine que je m'emmerde à me déguiser en nain. Je t'avais dit d'y aller molo sur la choucroute, hier soir.
– Qu'est-ce que je vais me mettre maintenant pour le bal masqué? rumine la pauvre Arlette.
– Rien, lui répond son mari.
– Comment, rien?
– Ben oui! T'as qu'à y aller complètement à poil.
– A poil, dit Arlette intriguée. Mais alors, en quoi je vais dire que je suis déguisée?
– Ben, avec toutes tes rides et tes varices, t'auras qu'à dire que t'es déguisée en carte d'état-major.

*

Avec les économies qu'il a faites sur sa solde, l'adjudant Buzard vient de s'acheter une épicerie. Il a troqué le béret rouge et le treillis léopard contre le béret basque et la blouse grise. Un jour, un Asiatique entre dans la boutique.
– Bonjour, Monsieur, je suis vietnamien. Je viens d'ouvrir un restaurant vietnamien juste à côté de chez vous.
– Tu m'aurais dit que t'avais ouvert une crêperie bretonne, tu m'aurais étonné, rigole Buzard. Qu'est-ce que tu veux, le niakoué?
Sentant que des souvenirs de Diên Biên Phu hantent l'adjudant Buzard et que l'ambiance va se détériorer à vue d'œil, le Vietnamien fouille dans sa poche et en sort un peu d'argent qu'il pose sur le comptoir.
– Je voudrais dix boîtes de Canigou.
– Pourquoi faire? lui demande l'adjudant-épicier.
– Pour donner à manger à mes chiens.

– Dis donc, bougre de petit salopard, grogne Buzard énervé. Si tu crois que j'ai pas compris que tu veux du Canigou pour faire ta cuisine de dégueulasse, tu me prends pour un connard laqué!

– Oh non, non, dit le Vietnamien paniqué. J'ai vraiment dix chiens à nourrir.

– D'accord, va me les chercher, dit Buzard. Je te donnerais pas tes dix boîtes de Canigou avant d'avoir vu tes dix clébards.

En marmonnant quelques mots de protestation dans sa langue natale, le restaurateur asiatique sort de la boutique. Cinq minutes plus tard, il revient avec dix chiens de toutes tailles que l'adjudant compte à contrecœur.

– Bon, les voilà, les boîtes de Canigou, dit-il en posant celles-ci sur le comptoir. Je suis bon prince mais tâche de ne pas y revenir.

Mais le lendemain le Vietnamien est de retour dans l'épicerie.

– Bonjour, c'est encore moi! lance-t-il joyeusement.

– Je t'ai pas reconnu, réplique Buzard de mauvais poil. Qu'est-ce que tu veux, le citron?

Sans discuter, le Vietnamien fouille dans sa poche et sort de l'argent qu'il pose sur le comptoir.

– Je voudrais dix boîtes de Ronron.

– Tu te fous de ma gueule? Hier, tu m'as amené dix clébards pour avoir tes dix boîtes de Canigou, tu vas pas me dire aujourd'hui que t'as dix matous à nourrir.

– Si Monsieur, j'ai dix chats à nourrir, réplique le Vietnamien.

– Amène-les. Je te filerai pas tes boîtes de Ronron avant.

Le Vietnamien sort de la boutique d'un pas agacé et revient, cinq minutes plus tard, avec dix chats miaulant et ronronnant. Buzard est furieux.

– Tiens, les voilà tes boîtes de Ronron, salopard, dit-il en les posant rageusement sur le comptoir. Je veux plus jamais te revoir.

Mais le Vietnamien revient malgré tout le lendemain avec un petit paquet en papier alu.

– Bonjour! C'est encore moi!

– Je t'avais dit de ne pas revenir, crie Buzard hors de lui. Qu'est-ce tu veux encore?

L'Asiatique tend vers l'adjudant son petit paquet.

– C'est pour vous! Goûtez! Goûtez!

– Ah! Tu veux me faire goûter ta tambouille de dégueulasse pour entretenir des relations de bon voisinage, dit Buzard, un peu rasséréné. Bon, allez, je suis pas le mauvais bougre, t'as de la chance.

Ce disant, il ouvre le paquet de papier d'aluminium et réprime un frisson à l'odeur immonde qui s'en dégage. Courageusement, il trempe son index dans l'ignoble mixture et goûte. Aussitôt il crache en tempêtant.

– Non, mais dis donc, bougre de salopard, c'est de la merde!

– Oui, Monsieur, répond le Vietnamien, je voudrais dix rouleaux de papier toilettes!

LES HISTOIRES DE COPAINS

Deux copains, Gaston et René, ont décidé de s'inscrire au rallye Paris-Dakar.

Les voilà qui foncent sur leur moto à travers le désert. Brusquement ils aperçoivent un pilote de l'équipe suisse agenouillé près de sa voiture. Pour lui venir en aide, les deux Français s'arrêtent. Ils se rendent compte alors que le Suisse est en train de mettre des chaînes à ses pneus.

– Vous vous équipez pour la neige? demande Gaston, amusé.

– Il va pas neiger mais il y a du verglas, répond le Suisse.

– Mais vous êtes fou, dit René, y'a pas de verglas dans le Sahara.

Le Suisse pose alors ses outils et se retourne l'air accablé :

– Alors pourquoi croyez-vous qu'ils ont sablé la piste?

*

L'année suivante, Gaston et René se retrouvent engagés dans le même rallye. Et les voilà à nouveau qui chevauchent leur moto sur les pistes africaines, secoués comme des vibromasseurs à piles branchés sur le secteur. Brusquement, la moto de René se met à tousser. Elle hoquette et rend l'âme, confirmant ainsi le célèbre dicton attribué à l'évêque Saint-Maclou et selon lequel celui qui rend l'âme hoquette. Voyant son compagnon arrêté au bord de la piste, Gaston fait demi-tour.

– Ton carburateur est plein de sable, dit-il. Monte derrière moi jusqu'au prochain contrôle. On enverra une dépanneuse.

René, furieux de cette avarie inattendue, prend place sur la moto de Gaston.

– Couvre-toi, ajoute ce dernier. Le soleil va se coucher et les nuits sont froides dans le désert.

René retire donc son blouson et l'enfile devant derrière pour se protéger la poitrine du vent froid. Et la route reprend. Il y a tellement de chaos que les deux copains n'osent pas desserrer les dents pour tailler une bavette de peur de se hacher la langue comme une échalote. Bientôt voici un village que les motards traversent en trombe sous les bravos d'un groupe d'indigènes qui ne gardent pas rancune des précédents rallyes [1]. Puis encore la piste et toujours les cahots. Soucieux du confort de son copain, Gaston se retourne. Horreur. René a disparu.

– Il est sûrement tombé, se dit Gaston, affolé, freinant en catastrophe. Pas étonnant avec tous ces cahots.

Il fait aussitôt demi-tour. La nuit est déjà tombée sur le petit village qu'il traverse pour la seconde fois. Dans la lumière du phare de sa moto, le pilote aperçoit un attroupement. Il s'approche et descend de son engin. René est étendu là, au milieu des badauds, le blouson toujours à l'envers. Deux grands noirs baraqués lui cramponnent la tête par les oreilles. Sous les yeux horrifiés du motard impuissant, le chef du village lance un ordre :

---

1. On ne dit pas assez combien ces gens apprécient qu'on leur roule sur la gueule avec des pneus non cloutés.

– Attention, les copains! Je compte jusqu'à trois, et vous lui remettez la tête à l'endroit!

*

Gaston et René ont rendez-vous pour déjeuner à la terrasse d'un restaurant. Gaston est très en retard. René a déjà dévoré deux corbeilles de pain. Il s'apprête à attaquer la troisième lorsque Gaston arrive. Il est dans un état lamentable. Un volumineux bandage entoure sa tête, ce qui le fait ressembler à l'homme invisible. Il a une jambe dans le plâtre et un bras en écharpe, ce qui ne facilite guère l'emploi de sa béquille. Il s'effondre sur la chaise, face à René pétrifié.

– Qu'est-ce qu'il t'est arrivé, mon pauvre vieux?

– C'est un vélo qui m'est rentré dedans, répond Gaston péniblement à cause de sa mâchoire brisée.

– C'est pas un vélo qui t'a mis dans cet état, s'étonne René, pas possible!

– Non, non, dit Gaston. Après, il y a eu un autobus. Je l'ai pris en pleine tronche.

– Je comprends mieux.

– Là, je suis tombé par terre, poursuit Gaston. Et c'est quand je me suis relevé que j'ai pris l'avion derrière la tête. Mais le pire, ç'a été la soucoupe volante qui m'a frappé en pleine poitrine.

René ne peut s'empêcher de laisser échapper un sourire dubitatif.

– Écoute, Gaston, pour le vélo et le bus, je veux bien te croire. Pour l'avion aussi parce que t'es mon copain. Mais pour la soucoupe volante, je ne marche pas.

– Mais si, c'est vrai, s'insurge Gaston.

– Arrête, je ne te crois pas.

– Hé bien! va demander au patron du manège.

*

C'est le mois de juin. Gaston et René se promènent sur les Champs-Élysées, le nez au vent, jetant un œil concupiscent sur les jolies femmes qui ont mis leurs premières robes d'été. L'une d'elles attire alors le regard de Gaston comme la feuille de chou attire la limace dont les yeux sortent aussitôt de la tête. Il agrippe le bras de René.

– Ouh là, regarde la gonzesse. Qu'elle est mignonne dans sa petite robe à crinoline.

La jeune femme porte en effet une adorable robe bleue qui s'ouvre en corolle autour d'une paire de jambes style taupe modèle.

– C'est pas une crinoline qui fait gonfler sa robe comme ça, dit René, en connaisseur, elle porte simplement un slip bouffant.

– Mais non, c'est une crinoline, j'en suis sûr.

– Un slip bouffant, insiste René.

– Une crinoline, dit Gaston têtu. D'ailleurs, c'est simple, on va le lui demander.

Gaston, tout excité, entraîne René par le bras.

– Mademoiselle, lance-t-il en s'approchant de la jeune femme, comment faites-vous pour maintenir votre robe en corolle? Vous avez un slip bouffant ou une crinoline?

– Ni slip bouffant, ni crinoline, répond alors l'ingénue, je me crêpe.

*

C'est la Saint-Valentin. Pour faire une surprise à sa femme, Gaston a décidé de rentrer chez lui plus tôt que d'habitude avec un gros bouquet de fleurs. Sans bruit, il ouvre la porte de l'appartement. Personne dans l'entrée, personne dans le salon, personne dans la salle à manger ni dans la cuisine. Gaston s'inquiète.

– Thérèse serait-elle au lit? Il est dix-sept heures. Elle doit être malade.

Il ouvre la porte de la chambre à coucher. Ce qu'il découvre le glace d'effroi. Thérèse est au lit, en compagnie de René, son meilleur ami. Les deux amants ont pris l'une des positions les plus délicates du Kâma-sûtra appelée le cornac en folie, dans laquelle on sait que la trompe de l'animal joue un rôle primordial. Gaston en lâche son bouquet. Il balbutie, les bras ballants :

– Thérèse, toi en qui j'avais une confiance sans limite. Comment peux-tu me faire ça à moi qui ai abandonné, pour te suivre à Paris, le petit commerce de fruits et légumes que j'avais ouvert dans le Morvan ? Moi qui t'ai couvert d'amour et de cadeaux comme ce manteau en blaireau des Carpathes que je t'ai offert à Noël dernier lorsque nous avons dîné en amoureux au « Courte-Paille » de Châteauroux. Comment as-tu pu faire ça avec mon meilleur ami, René ? Et toi, René ! Toi que j'ai aidé à monter ta petite fabrique de boutons et articles de mercerie. Comment as-tu pu me faire ça ?...

Mortifié, Gaston reprend son souffle et se met brusquement à crier :

– Hé ! Vous pourriez vous arrêter quand je vous parle.

*

Souvent l'amitié est plus forte que l'amour. Après des années de bouderie, Gaston et René se sont réconciliés. René ne trompe plus sa femme mais Gaston n'a pas pardonné à la sienne. Comme tous les samedis, les deux copains se retrouvent chez Léon, le bistrot du coin, pour se raconter leurs malheurs conjugaux.

– J'en ai marre de Thérèse, rumine Gaston. Elle m'en fait voir, tu sais. Elle a tellement cassé de vaisselle pendant les scènes qu'elle me fait qu'avec les morceaux on pourrait faire une mosaïque géante sur la place Saint-Pierre de Rome. J'en ai marre, je vais la zigouiller.

René s'étrangle en buvant son demi-pression.

– La zigouiller ? Mais tu n'y penses pas. C'est la prison à vie.

– Pas avec ma méthode, répond Gaston. Je vais lui faire l'amour trois ou quatre fois tous les soirs, jusqu'à temps qu'elle crève d'épuisement. Ce ne sera pas un assassinat, mais un accident.

– Ah ça, c'est pas bête, répond René, brusquement pensif.

Il vide son verre d'un trait et le pose sur le comptoir.

– Eh ben moi aussi, ce soir je commence à zigouiller ma femme avec ta méthode, et samedi prochain nous serons libres tous les deux.

– Nous en faisons serment, dit Gaston en vidant également son verre.

Sur ces paroles solennelles, les deux amis se séparent.

Le samedi suivant, Gaston revient au bistrot pour annoncer la bonne nouvelle à son ami : il a eu la peau de Thérèse. Mais René n'est pas là. Alors Gaston boit seul et s'en va.

Le samedi d'après, René n'est toujours pas au bistrot. Léon le patron commence à s'inquiéter.

– On ne l'a pas vu depuis deux semaines, dit-il à Gaston.

Celui-ci, subodorant une catastrophe, décide d'aller chez son copain s'enquérir de sa santé. Là, ayant sonné, il entend claironner derrière la porte une voix féminine aux grasseyements de poissarde.

– Qui c'est qui vient encore nous emmerder un samedi?

La porte s'ouvre. Gaston manque d'avaler sa langue. Devant lui se dresse une énorme bonne femme de trois mètres de haut dont le tour de taille ne doit pas lui permettre de sortir de chez elle autrement qu'avec des forceps. De plus, la monstrueuse créature est seulement vêtue d'un slip qu'elle a dû tailler dans un vieux parachute. Gaston balbutie :

– Je venais annoncer à René la mort de ma femme. Il m'avait promis de me tenir au courant pour vous, enfin, je veux dire...

– Au courant de quoi? barrit la grosse avec une haleine à tuer un troupeau de boucs.

Gaston s'apprête à donner une explication fumeuse quand il perçoit un étrange frémissement dans le slip de la grosse. Les mots se nouent dans sa gorge car l'élastique du slip se baisse soudain et la tête échevelée et épuisée de son ami René apparaît.

– Chut, tais-toi, souffle alors ce dernier, elle ne se doute de rien.

*

Gaston et René ont vieilli. Comme ils sont à la retraite et que feu leurs épouses leur ont laissé un joli magot, ils vont tous les jours jouer au golf ensemble. Ils y sont même accrochés comme deux huîtres à leur parc. Hélas, un jour René attend plus longtemps que d'habitude au « club house » de Saint-Troupougnoles. En vain. René ne viendra plus. Le vieux Gaston rentre chez lui le cœur brisé de chagrin. Après la cérémonie funèbre qui a lieu quelques jours plus tard, il réunit quelques amis autour d'un guéridon et essaie d'entrer en communication avec son copain. Surprise. L'esprit de René apparaît flottant en l'air comme un torchon oublié au lavoir.

– Gaston ! Mon ami ! Je suis là, dit-il dans un souffle.

– Dis donc, René, grogne Gaston, on prévient quand on meurt !

– Excuse-moi ! Je ne le referai plus !

– Bon, c'est pas grave, enchaîne Gaston. Est-ce qu'il y a au moins un parcours de golf, là où tu es ?

– Je ne sais pas, dit René.

– Hé bien, renseigne-toi, je te rappelle demain !

– Très bien, Gaston, répond René, à demain.

Et l'esprit disparaît. Le lendemain, nouvelle réunion autour du guéridon. Le fantôme de René apparaît à nouveau.

– Alors, dit Gaston impatient, tu as des nouvelles pour le golf ?

– J'ai deux nouvelles. Une bonne et une mauvaise !

– Commence par la bonne.

– Il y a un golf sublime. Trois parcours de dix-huit trous vachement techniques. Des clubs de golf en platine incrusté d'or avec manche en veau retourné. Un gazon anglais souple et ras. Des anges-caddies qui te retrouvent les balles perdues. Du sable hyper fin dans les bunkers. C'est le paradis du golfeur.

– Et la mauvaise nouvelle, c'est quoi ? demande Gaston.

– Tu es inscrit pour le départ de demain matin.

LES HISTOIRES DE GILBERT LE DRAGUEUR

Après un dîner d'une extrême finesse dans un riche hôtel parisien, Gilbert le dragueur conduit la très séduisante jeune femme qu'il convoite vers le bar pour prendre un dernier verre. Dans un coin sombre, un pianiste blafard dispense une mélodie qui se mêle au murmure des conversations feutrées. Gilbert appelle le garçon qui s'approche de la table sans empressement. En le voyant, la jeune femme réprime un frisson. Le garçon a le visage entièrement recouvert de boutons.

– Ces messieurs-dames prendront?... dit-il sans achever sa phrase.

– Champagne, conclut Gilbert.

Le garçon fait demi-tour tout en éructant bruyamment puis, soulevant une cuisse, il laisse échapper une généreuse flatulence avant de disparaître dans le fond du bar. L'ambiance romantique que Gilbert avait mis tant de temps à installer entre la jeune femme et lui vient de se volatiliser. Furieux, il cherche en vain le patron du bar. Hélas, en dehors de l'infâme garçon boutonneux, il semble n'y avoir ici que ce pianiste blafard que rien ne paraît émouvoir. Quoi qu'il en soit, le garçon revient avec deux coupes et la bouteille de champagne dans un seau à glace. Il pose le tout sur la table sous les yeux du couple qui craint le pire. Il débouche le champagne sans faire sauter le bouchon et le sert avec style. Puis il fait demi-tour, éructe à nouveau, soulève une cuisse et flatule sans vergogne. Cette fois, c'en est trop. Gilbert s'est levé pour protester. Mais le garçon boutonneux a déjà disparu et le patron du bar brille toujours par son absence. Hors de lui, Gilbert décide alors de demander des comptes au pianiste qui vient justement de finir de massacrer le deuxième mouvement du concerto pour Prisunic de Richard Clei-derman.

– Dites-moi, mon brave, dit-il au saboteur de clavier, vous connaissez le boutonneux qui rote et qui pète?

– Non, répond le pianiste, mais si vous m'en fredonnez les premières mesures, je vais essayer de me débrouiller.

*

Gilbert chantonne gaiement en entrant dans la pharmacie.

– Monsieur le pharmacien, dit-il avec entrain, j'ai invité deux Suédoises à venir ce soir dîner à la maison. Alors il faut que je sois à la hauteur parce qu'elles sont superbes. Ah, ah! Après ce coup-là, on va m'appeler « la brochette ». Ah, ah! Vous n'auriez pas un petit truc pour être en forme?

– On se calme, monsieur Gilbert, on se calme, lui répond le pharmacien désabusé. Je vais vous trouver ça.

Il se tourne vers les étagères où les pastilles Valda voisinent avec les suppositoires à la camphopneumine – que l'on ne peut confondre à cause de leurs goûts très différents – et il ramène un petit flacon bleu équipé d'un compte-gouttes.

– Voilà, vous mettez deux gouttes de ce produit dans un verre d'eau, ou éventuellement trois puisque les filles sont deux et vous avalez. C'est très efficace.

Gilbert est fou de joie. Il rentre chez lui et n'écoutant que son courage et ses gonades, il avale tout le flacon.

Le lendemain, alors que le pharmacien est en train de

relever le rideau de fer de son magasin, Gilbert arrive, le visage défait.

– Que se passe-t-il? questionne l'apothicaire, soucieux.

– Vous auriez une pommade pour les mains? demande Gilbert.

Ce disant, il exhibe ses deux mains démesurément enflées et toutes violacées. Le pharmacien n'en revient pas.

– Comment vous êtes-vous fait ça?

Gilbert prend un air piteux.

– Elles ne sont pas venues.

*

Gilbert le dragueur s'est arrêté dans une station-service sur l'autoroute A7, en direction du sud. Après avoir fait le plein, bu un café, acheté une cassette de Rika Zaraï et deux « Bounty », il remonte dans sa voiture et reprend la route. Au moment où il aborde la bretelle d'accès à l'autoroute, il aperçoit une très charmante touriste dont le short ultra-court tente en vain de dissimuler les formes girondes.

– Voilà de quoi transformer la main d'un honnête homme en louche à potage, se dit Gilbert, qui navigue toujours dans la distinction.

Et son gros pied de séducteur du volant écrase la pédale du frein.

– Montez! lance-t-il à la jeune blondinette toute bronzée.

Celle-ci ne se le fait pas dire deux fois. Elle jette son sac à dos à l'arrière et pose son joli postérieur sur le siège avant. Gilbert est aux anges. La bave aux lèvres, il ressemble de plus en plus au loup de Tex Avery. Le silence s'installe, pesant. Gilbert décide enfin d'engager la conversation.

– C'est marrant, vous êtes la troisième femme enceinte que je prends sur la route de Marseille.

La jeune touriste s'étonne.

– Mais, je ne suis pas enceinte.

– Attendez, répond Gilbert en ricanant, on n'est pas encore à Marseille!

*

Gilbert chantonne au volant de sa 205 décapotable rouge. Il a rendez-vous à Saint-Tropez avec trois filles superbes pour un dîner privé dont l'issue s'annonce gaillarde. Brusquement, dans un virage, un hérisson traverse sans regarder. Craignant les représailles de Brigitte Bardot qui n'habite pas loin, Gilbert fait un écart et se retrouve face à un énorme semi-remorque qui transforme successivement sa 205 en sculpture de César et le hérisson en paillasson rouge. Gilbert arrive donc au Paradis totalement défiguré, les vêtements en lambeaux. Saint Pierre l'arrête.

– Vous êtes Monsieur?...

– Le dragueur Gilbert!

Le saint homme aux clés d'or consulte le grand registre doré sur tranche sur lequel sont notés tous les décès du jour.

– Le dragueur, le dragueur! Je n'ai pas de Le Dragueur Gilbert sur ma liste. Non, non! A mon avis c'est une erreur.

– Comment, une erreur? s'insurge Gilbert. Vous voulez dire que je ne devais pas mourir aujourd'hui?

– C'est exactement ça, répond saint Pierre désolé.

– Quoi! proteste Gilbert. Je mets quinze jours à draguer les trois plus belles gonzesses de la côte, vous m'envoyez un camion en pleine tronche et vous venez m'annoncer que c'est une erreur.

– Calmez-vous, monsieur Le Dragueur, dit saint Pierre au play-boy en fureur. On va vous renvoyer sur terre juste à temps pour votre dîner.

Mais Gilbert ne décolère pas. Il vient de s'apercevoir, en comptant ses abattis, qu'il en manque quelques-uns.

– Vous avez vu dans quel état je suis, s'exclame-t-il. J'avais trente-deux dents, j'en ai plus que trois et j'ai perdu ma zibounette. Ah, elles vont être contentes les gonzesses si elles me voient arriver comme ça. Je veux redevenir comme avant.

– Ça va être difficile, dit saint Pierre.

– C'est ça ou je fais un scandale. J'appelle la Sainte Trinité et ça va être votre fête.

– Non, non ! Attendez, supplie le gardien du Paradis. Je vais essayer de faire quelque chose. J'ai vu opérer le fils de Dieu avec des poissons et des pains. Ça ne doit pas être bien difficile de multiplier les dents et de vous rendre votre virilité.

Saint Pierre regarde autour de lui pour vérifier si personne ne le voit. Il fait quelques gestes magiques et prononce des paroles en hébreu. Un éclair et Gilbert se retrouve avec une seule dent et trente-deux zibounettes. Saint Pierre ne sait plus où se mettre, il se confond en excuses.

– Je suis désolé, monsieur Le Dragueur, c'est affreux. Je vais réparer ça tout de suite.

– Surtout pas, le coupe Gilbert. Ne touchez à rien. Trente-deux zibounettes, c'était mon rêve.

– Ah bon, conclut le saint maladroit. Hé bien ! si vous êtes content comme ça, tant mieux !

– Vous m'excuserez, j'y vais vite, on m'attend en bas. J'en connais qui vont être contentes.

Ce disant, Gilbert tout guilleret descend l'escalier de nuages qui conduit à la terre.

– Trente-deux zibounettes, trente-deux zibounettes, chante-t-il.

Mais brusquement la voix tonnante de saint Pierre l'arrête. Gilbert se retourne et voit, en haut des marches, le saint homme une caisse dans les bras.

– Et la caisse de roubignoles qui vont avec, c'est moi qui la porte ?

*

Assis sur la plage, Van de Broot est tout triste sous son parasol. Il regarde Gilbert se pavaner en compagnie de filles magnifiques aux seins nus qui n'ont d'yeux que pour lui et qui se tortillent langoureusement sous le soleil. Le soir, au bar, il voit encore Gilbert avec d'autres filles toutes plus belles les unes que les autres. Van de Broot n'en peut plus. Alors, un matin, croisant Gilbert qui revient d'une balade en planche à voile, Van de Broot l'accoste.

– Monsieur Gilbert, excusez-moi de vous importuner. Est-ce que vous sauriez me donner votre recette pour draguer les filles aussi facilement?

– C'est pas sorcier, répond Gilbert. Dans la journée, je me promène sur la plage avec une grosse pomme de terre dans le slip.

– Une pomme de terre dans le slip, s'étonne Van de Broot. Est-ce que vous croyez une fois que je pourrais en faire autant?

– Bien sûr.

– Qu'est-ce qu'il faut prendre comme variété? De la Belle de Fontenay, de la Viola ou de la Bintje?

– Une grosse Bintje, ce serait bien.

L'après-midi même, Van de Broot se promène sur la plage avec une grosse patate dans le slip au milieu des filles qui rigolent. Désespéré, il fonce au bar où il aperçoit Gilbert.

– Monsieur Gilbert, excusez-moi encore de vous importuner, dit-il éploré. J'ai mis la patate mais ça ne marche pas.

Gilbert le regarde des pieds à la tête et éclate de rire. Van de Broot, vexé, blêmit.

– Qu'est-ce qui vous fait tant rire, monsieur Gilbert?

– La patate, Van de Broot, il faut la mettre devant!

*

Pour consoler Van de Broot, Gilbert l'a invité dans un restaurant du village en compagnie de deux superbes filles. Malheureusement, le pauvre Van de Broot commande des gambas à l'ail dont la fraîcheur laisse à désirer. A mesure que le temps passe, l'haleine de Van de Broot commence à ressembler à celle des égouts de Calcutta. A tel point que Gilbert et les deux filles prennent congé de lui avant le dessert et qu'il est obligé de rentrer à l'hôtel à pied, aucun taxi n'ayant accepté de le prendre en charge. La nuit passe sans qu'un moustique n'ose entrer dans sa chambre. Et le lendemain, le cauchemar commence. L'haleine de Van de Broot est devenue tellement insupportable que, sur la plage, il dispose d'une large zone de solitude pour s'étendre au soleil. Les autres estivants préfèrent s'entasser à vingt-cinq mètres de lui. Au bout de trois jours, cloîtré dans sa chambre, il téléphone à Gilbert pour le supplier de l'aider. Gilbert est un ignoble macho, égoïste et prétentieux, mais il a bon cœur. Et un soir, il frappe à la porte de la chambre de Van de Broot. Quand ce dernier ouvre, il manque d'avoir une crise cardiaque à cause du masque à gaz qui recouvre le visage du dragueur.

– Je t'apporte un remède, dit Gilbert en tendant au malheureux une petite fiole qui contient un liquide vert.

– Qu'est-ce que c'est? s'inquiète Van de Broot.

– C'est un extrait concentré de sapin. Mets-en une goutte derrière chaque oreille. C'est tellement puissant que ton haleine fétide sera dissimulée très facilement. Et pour réparer le dommage que je t'ai causé en t'invitant à dîner dans ce restaurant pourri, je t'envoie dans une heure une fille magnifique.

Van de Broot est aux anges. Il file à la salle de bains, et après avoir pris une bonne douche, s'être lavé les dents huit fois, il met derrière chacune de ses oreilles dix gouttes d'extrait de sapin. Puis il fait apporter une bouteille de champagne et deux coupes. Soudain, on frappe à la porte. Van de Broot bondit et l'ouvre.

– Bonsoir, dit-il en souriant à la jolie jeune femme qui entre et qui se pend à son cou.

Sous le coup de l'émotion, le souffle de Van de Broot s'est fait plus rapide. La jeune femme se met alors à renifler.

– Vous sentez une drôle d'odeur.

– Ah! vous trouvez, dit Van de Broot qui sait que l'extrait de sapin le protège. Et d'après vous, qu'est-ce que c'est? Devinez!

Elle approche son visage du sien, renifle une ou deux fois et, après mûre réflexion, laisse tomber son verdict :

– On dirait quelqu'un qui a fait caca entre deux sapins.

*

Gilbert a emmené Van de Broot et sa fiancée Suzanne se promener en mer à bord d'un petit bateau à voile. Malheureusement ils sont pris par un courant qui jette le frêle esquif sur les récifs d'une toute petite île déserte. Voilà nos trois héros contraints de rester sur cette terre aride en attendant d'hypothétiques secours. Un pin solitaire domine le petit bout de terre. Gilbert y monte pour guetter un éventuel navire de passage tandis que Van de Broot et sa fiancée restent assis piteusement au bord de la plage. Brusquement, Gilbert pousse un cri.

– Oh! non, vous êtes dégueulasses!

– Quoi, qu'est-ce qui se passe? demande Van de Broot.

– Pendant que je guette les navires, vous forniquez comme des porcs. Vous n'avez pas honte! crie Gilbert du haut de son arbre.

– Mais on ne fait rien, insiste Van de Broot.

Gilbert descend en hâte de l'arbre et son compagnon lui fait reconnaître qu'il s'est trompé.

– C'est curieux, dit Gilbert, de là-haut on aurait vraiment dit que vous étiez en train de vous vautrer dans la luxure.

– Ce n'est pas une fois possible, dit Van de Broot en rigolant.

– Va voir, si tu ne me crois pas et profites-en pour guetter les navires.

Curieux, Van de Broot monte à son tour dans le pin. Gilbert se jette aussitôt sur Suzanne et l'entreprend gaillardement. La donzelle se laisse faire et glousse comme une dinde. Pendant ce temps, en haut de son arbre, Van de Broot hoche la tête en regardant sa fiancée se faire lutiner par Gilbert.

– C'est vrai, il a raison, soliloque-t-il, d'ici on dirait vraiment.

*

Gilbert ayant séduit Suzanne, Van de Broot a réussi à draguer Gertruida, une Flamande bien en chair qu'il a entraînée sur la plage pour lui faire admirer le coucher de soleil. Il l'enlace amoureusement et lui souffle des mots doux à l'oreille.

– Regarde, Gertruida, comme la nature est merveilleuse autour de nous, les vagues, le soleil, les poissons qui sautent tellement haut dans les embruns qu'il suffirait de glisser une poêle dessous pour faire une friture, une fois.

La grosse Flamande roucoule de bonheur.

– Et regarde, là-haut, ajoute Van de Broot, cette mouette suspendue, immobile, dans le vent qui la porte.

C'est le moment précis choisi par la mouette pour lâcher une copieuse déjection exactement dans l'œil de la Flamande.

– Ah, fait Gertruida en se penchant en avant, n'osant essuyer son œil avec sa main. Vite, chéri, donne-moi un morceau de papier toilette.

– Ce n'est pas la peine, répond Van de Broot, la mouette est loin maintenant.

*

C'est la fin des vacances. Gilbert et Suzanne ont décidé de rentrer ensemble à Paris. Leurs valises attendent l'une contre l'autre à la réception de l'hôtel Royal, Gilbert a demandé qu'on ajoute la facture de Suzanne à la sienne. Après avoir tapé sur les touches de son ordinateur, le caissier sort de son imprimante une note qu'il présente à Gilbert. En voyant le total, celui-ci devient aussi pâle qu'un lit vide.

– Dix-sept mille six cents francs? Pourquoi dix-sept mille francs?

Le caissier se penche vers la facture pour vérifier.

– Oui, Monsieur, c'est le prix.

– Attendez, dit Gilbert qui se calme. Il y a une erreur. Vous avez marqué ici mille francs de promenades à bord du yacht de l'hôtel. Suzanne et moi, on ne l'a jamais pris, on a loué un dériveur.

– Ben oui, fait le caissier, mais le yacht il était là, fallait le prendre.

– Quoi? Et là je vois deux mille huit cents francs d'excursion aérienne sur l'hélicoptère de l'hôtel, dit Gilbert qui n'en croit pas ses yeux.

– Ben oui, fait le caissier, mais l'hélicoptère il était là, fallait le prendre.

Gilbert voit rouge. Il chiffonne la facture et la jette à la figure du caissier. Entendant le chahut, le directeur de l'hôtel arrive.

– Que se passe-t-il? demande-t-il au caissier.

– Monsieur ne veut pas payer sa note.

– Et pourquoi ça? dit le directeur d'un air hautain.

– Parce que vous avez abusé de ma gonzesse! répond Gilbert sans se démonter.

– Jamais de la vie, Monsieur.

– Ben oui, dit Gilbert, mais Suzanne elle était là, fallait la prendre.

*

Gilbert revient de vacances, il est tout bronzé. Il ne manque pas une occasion de le faire remarquer à ses copains.

– T'as vu ce bronzage? dit-il à l'un de ses collègues, en arrivant au bureau.

– T'étais où? répond l'autre, bronzé comme un lavabo finlandais.

– Sur la côte. Tous les soirs, des gonzesses plein mon lit. J'ai assuré comme une bête.

Son collègue fronce soudain les sourcils et pointe un doigt inquisiteur vers l'œil droit de Gilbert.

– Qu'est-ce que tu t'es fait à l'œil?

– Rien! Qu'est-ce que j'ai? demande Gilbert paniqué.

– T'as un point rouge qui clignote.

Gilbert se précipite dans les toilettes. En se regardant dans le miroir, il aperçoit effectivement, dans son œil droit, un point rouge qui clignote. A cet instant, le patron entre dans les toilettes. Voyant le bronzage de Gilbert, il laisse échapper un sifflement admiratif.

– Hé bien! dites donc, on sait que vous revenez de vacances, vous!

– C'était super, se croit obligé d'ajouter Gilbert. Tous les soirs, des gonzesses plein mon lit. J'ai assuré comme une bête.

– Tiens, c'est curieux, vous avez un point rouge qui clignote dans l'œil, lui dit soudain le patron en le fixant avec attention. Vous devriez aller voir un médecin.

De plus en plus inquiet, Gilbert se rend aussitôt chez son ami, le docteur Bougnazal.
– Ça, c'est pas du bronzage UVA, lance ce dernier en voyant Gilbert pénétrer dans son cabinet. Tu es resté combien de temps sur la côte?
– Un mois, répond Gilbert. Qu'est-ce que je me suis marré. Tous les soirs, des gonzesses plein mon lit. J'ai assuré comme une bête.
– C'est marrant, lui dit alors le médecin. Tu as un point rouge qui clignote dans ton œil.
– C'est pour ça que je venais te voir.
– Assieds-toi.
Le docteur se penche vers Gilbert dont il ausculte le globe oculaire.
– Tu as fait l'amour avec plusieurs filles, dis-tu?
– Tous les soirs, ajoute fièrement Gilbert.
– C'est normal, ce point rouge, conclut le médecin, t'es sur la réserve mon vieux.

*

Le pharmacien aime bien Gilbert le dragueur. C'est un bon client. Il aime le voir arriver car les plaisanteries égayent toujours leur conversation à bâtons rompus. Mais ce jour-là, Gilbert n'a pas envie de rire en entrant chez l'apothicaire.
– Bonjour, monsieur le pharmacien, je voudrais un préservatif.
Le pharmacien s'étonne.
– Mais, monsieur Gilbert, vous savez bien que je n'en vends pas à la pièce. Il faut acheter une boîte de dix.
– Oui, mais moi, j'en voudrais un seul, insiste Gilbert.
– Pourquoi?
– Ça me regarde.
– Monsieur Gilbert, je vous répète que je ne peux pas vous en vendre à la pièce.
– J'en veux qu'un quand même, répète Gilbert.
Le pharmacien, dérouté, sent son crâne dégarni envahi d'une transpiration d'angoisse tellement abondante que s'il avait des poux, ils pourraient faire du ski nautique. Il réfléchit.

– A ce moment-là, propose-t-il, vous prenez une boîte de dix et vous n'en utilisez qu'un.

– Non, s'énerve Gilbert. Je ne veux pas une boîte, je ne veux qu'un seul préservatif.

Le pharmacien craque. Avec nervosité, il sort du rayon une boîte de dix, l'ouvre, prend un unique préservatif à l'intérieur et le pose devant Gilbert.

– Je veux bien ne vous en donner qu'un, dit l'apothicaire agacé. Mais à la condition que vous me disiez pourquoi.

Gilbert hésite. Il regarde autour de lui et s'approche du pharmacien en confidence.

– C'est simple, dit-il, j'ai décidé d'arrêter.

*

Gilbert le dragueur a réussi à séduire la femme d'un catcheur. Les deux amants sont en train de s'adonner à des ébats dont l'ardeur fait la fortune des matelassiers. Au moment où Gilbert est sur le point de passer de la position dite de la pagode tonkinoise à celle beaucoup plus périlleuse du blaireau dans la taupinière, une clé s'introduit dans la serrure de la porte d'entrée qui grince de plaisir en s'ouvrant.

– C'est mon mari!

La jeune femme se lève en toute hâte. Elle passe un peignoir.

– Vite, dit-elle à Gilbert, cache-toi.

– Où? demande Gilbert, affolé.

– Sur le balcon.

Là-dessus, la femme du catcheur sort de la chambre en refermant la porte. Gilbert se prépare à s'habiller mais la voix du catcheur se fait entendre, féroce.

– Qu'est-ce que tu fais en peignoir à cinq heures de l'après-midi, toi?

– Hé bien, heu! J'avais chaud.

– Tu te fous de moi! Je suis sûr qu'il y a quelqu'un dans la chambre.

– Mais non. D'ailleurs, vas-y voir.

Gilbert, paniqué, laisse tomber ses vêtements et sort

tout nu par la fenêtre. Horreur. Il n'y a pas de balcon. Notre dragueur est obligé de s'accrocher au rebord de la façade qui fait saillie à cet endroit [1]. Il était temps, la porte de la chambre s'ouvre.

– Pourquoi la fenêtre est-elle ouverte? grogne la brute suspicieuse.

Gilbert se jette sur un conduit de gouttière proche qu'il descend hâtivement. Le voilà dans la rue. Il est nu et en plus il commence à pleuvoir. Il ne peut pas rester là. Avisant deux hommes en short qui font du jogging, il se joint à eux et les suit coudes au corps. Les deux joggers le regardent avec étonnement.

– Vous courez toujours à poil? demande l'un d'eux.

– Toujours, c'est plus sain pour le corps.

L'autre désigne alors le préservatif que Gilbert a oublié de retirer.

– Et vous courez à chaque fois avec un préservatif?

– Non, fait Gilbert, seulement quand il pleut.

1. C'est tout à fait de circonstance.

LES HISTOIRES DE BISTROT

Ce matin-là, Léon, le patron du bistrot, est seul derrière son bar. Un client arrive, l'air pressé. Il ne prend même pas le temps de s'asseoir.

– Un caca... un caca..., dit-il essoufflé.

Léon tente d'aider le pauvre homme qu'un bégaiement chronique semble gêner pour passer sa commande.

– Un café?

– Non! répond le bègue. Un caca... un caca...

– Un calva?

– Non! Un caca... un caca...

– Un casanis?

– Non plus! Un caca... un caca...

Le patron est soudain pris d'un doute.

– Un caca? hasarde-t-il.

– Oui, lâche l'autre, épuisé.

– Au fond du couloir, à droite!

*

Le patron du bistrot aime proposer des devinettes à ses clients.

– Moi, je connais les touristes, dit-il à un consommateur. Vous savez la différence entre un Genevois et un Zurichois?
– Non, fait le client.
– Vous servez une bière à chacun. Si une mouche tombe dans le verre du Genevois, il demande une autre bière. Et si une mouche tombe dans le verre du Zurichois, il la repêche et lui crie : « Recrache ce que tu as pris ! »

*

Un Flamand entre dans le bistrot avec un porcelet sous le bras. Il le pose sur le bar. Léon, le patron, le regarde avec étonnement.
– Où avez-vous trouvé ça? demande-t-il.
Et le porcelet lui répond :
– Je l'ai gagné dans une loterie.

*

La douce nuit de Noël s'est étendue sur la ville. Léon a maculé sa vitrine de fresques peintes avec un mauvais goût qu'on croirait prémédité. Un touriste belge, en quête de sensations folkloriques, entre dans le troquet enluminé et commande le « menu spécial Noël ».
Le temps passe. De joyeux fêtards entrent à leur tour avec la légèreté discrète du Parisien en goguette qui s'accorde parfaitement avec la fresque bistrotière. Voyant notre Belge tristement seul devant une grosse dinde qu'il n'a pas encore entamée, les Parisiens se gaussent.
– Hé ben! Vous n'allez pas manger ça tout seul, plaisante l'un d'eux.
– Non, non, le rassure le touriste. J'attends les marrons!

*

Un touriste belge entre un jour dans le bistrot. Il s'accoude au comptoir et attend sans dire un mot. Au bout de quelques minutes, le patron s'approche de lui.

– Qu'est-ce que vous prenez? lui demande-t-il.
– Un whisky avec des glaçons, dit le Belge.
Léon prend un verre, y met deux glaçons, le remplit de whisky et le pose devant l'homme. Celui-ci boit et s'en va. Le patron le retient.
– Monsieur! C'est quarante francs le whisky. Il faut payer.
Le Belge se retourne.
– Non, Monsieur. Vous me l'avez offert, ce whisky.
– Comment? Je vous l'ai offert? s'insurge le patron.
– Parfaitement! Je ne vous ai rien commandé. C'est vous qui êtes venu vers moi et qui m'avez dit : « Qu'est-ce que vous prenez? » Dites donc, ce n'est pas parce que je suis belge qu'il faut me prendre pour un imbécile. Au revoir, Monsieur.
Le Belge tourne les talons et sort laissant Léon, bouche bée comme une moule dans une marinière.
Un mois passe, le patron oublie l'incident.
Un matin, comme il est obligé de s'absenter, il laisse le bar aux bons soins de la grosse Odette, sa femme. Lorsqu'il revient, celle-ci se lamente :
– Je viens de me faire avoir par un Belge, dit-elle en pleurnichant. Il entre, s'installe au bar et reste là sans rien dire. Alors, au bout de dix minutes, je m'approche de lui et je lui demande : « Qu'est-ce que vous prenez? » Il me répond : un whisky avec des glaçons. Alors je le sers et tu sais pas ce qu'il fait?
– Si! Il boit et s'en va sans payer, répond Léon au nez duquel la moutarde commence à monter. On peut en conclure que le Belge va avoir maille à partir avec lui.
– Ben oui, reprend la grosse Odette. Parce qu'il ne m'a rien commandé, qu'il m'a dit. C'est moi qui lui ai proposé, qu'il m'a dit.
– Ne t'inquiète pas, grogne Léon entre ses dents et entre les boules qui viennent de lui monter à la gorge. Il reviendra et ce jour-là, je le coincerai.
En effet, quelque temps plus tard, le Belge revient dans le bistrot. En réprimant un gloussement de joie vengeresse, le patron laisse l'homme s'installer au coin du bar et fait mine de l'ignorer. Une heure passe, le Belge ne dit pas un mot. Deux heures passent, puis trois, puis quatre. Et

enfin, après cinq heures de silence, le Belge appelle le patron. Celui-ci jubile :

– Vous allez me commander quelque chose? dit-il.

– Certainement, répond le Belge.

– Vous allez donc me payer, cette fois?

– Bien sûr, puisque c'est moi qui vous le demande. Je voudrais un œuf dur.

– Un œuf dur? Pourquoi un œuf dur? demande le patron, sidéré.

– Ça me regarde.

– Bon! C'est trois francs.

Le Belge pose trois pièces d'un franc sur le comptoir. Et prenant un œuf sur le présentoir en plastique, il entreprend de l'éplucher soigneusement. Puis il l'émiette dans une soucoupe sous l'œil intrigué de Léon.

– Pourquoi vous émiettez cet œuf? ne peut-il s'empêcher de demander.

– C'est pour la pêche, répond le Belge imperturbable. J'appâte toujours avec de l'œuf.

– J'ignorais que les poissons aimaient ça! dit Léon, intéressé. Et avec l'œuf, qu'est-ce que vous prenez?

– Un whisky avec des glaçons.

*

Un ivrogne entre dans le bistrot. Comme Léon s'est absenté quelques instants et que notre homme a soif, il passe derrière le bar et s'apprête à prendre un verre pour se servir. Mais le verre en question est posé à l'envers. L'ivrogne proteste.

– Qu'est-ce que c'est que ce verre? On peut rien verser dedans, ils ont bouché le dessus.

Bien que baignant dans l'eau-de-vie, le cerveau de l'ivrogne n'a rien d'une cerise. Il réfléchit donc un instant. Par curiosité, il soulève le verre. Un éclair de lucidité illumine alors son regard vitreux.

– Ah, mais je comprends pourquoi ils ont bouché le dessus. C'est pour qu'on ne puisse rien verser dedans, vu qu'il y a un trou au fond.

*

C'est l'heure du déjeuner. Le bistrot enfumé grouille de monde. Ça sent la friture, le tabac, les toilettes douteuses et ça crie, ça braille, ça résonne creux comme la mer à la sortie des égouts de Marseille. Un homme arrive qui cherche une place. La grosse Odette, rouge et suante, passe en coup de vent et vocifère avec une haleine de dessous de bras :

– C'est pour manger? Y a une place au fond.

Tel Nicolas Hulot regagnant son Zodiac au milieu d'un troupeau de phoques, notre homme se fraye un chemin vers la seule chaise vide du bistrot et s'y assoit. Face à lui, un client lit un journal largement déplié. Il ne semble pas s'intéresser une seconde à l'assiette de spaghettis bolognaises toute fumante posée devant lui. Le nouveau venu décide de l'imiter. Il appelle la grosse Odette.

– Madame! Je voudrais des spaghettis bolognaises comme Monsieur... Et vite, je suis pressé.

– Un spaghetti bolognaise qui marche, hurle Odette vers la cuisine.

Et la longue attente commence. Le client au journal n'a pas bougé. Ses spaghettis refroidissent à vue d'œil.

– Mes spaghettis n'arrivent pas, se dit alors le nouveau venu. J'ai une idée. Je vais manger tout de suite ceux de mon vis-à-vis. Je les remplacerai par les miens quand ils arriveront. Ils auront l'avantage d'être chauds.

Et notre homme rapproche discrètement de lui l'assiette de spaghettis bolognaises qui le tentait tant. Il y plonge avidement sa fourchette et s'empiffre tandis que l'autre, imperturbable, lit toujours son journal. Brusquement, alors qu'il est en train de finir les pâtes, il aperçoit dans le fond de l'assiette un peigne dont les dents s'ornent de quelques cheveux gras. A la vue de l'écœurant objet, son estomac se retrousse comme un gant et il restitue illico la totalité des spaghettis. Heureusement, son vis-à-vis n'a pas bronché derrière son journal. Notre homme honteux arrange un peu les pâtes dans l'assiette et la remet à sa place comme si de rien n'était. Juste à ce moment, l'autre baisse son journal et hoche la tête, compatissant.

– Ah! dit-il en regardant les pâtes fumantes. Vous aussi, vous avez trouvé le peigne!

*

Les après-midi sont bien longs pour Alphonse et Lucien, deux vieux retraités complètement sourds. Alors ils s'installent à une table, dans un coin du bistrot, pour jouer à la belote.

– C'est à mon tour de donner, dit Alphonse.

– Comment? demande Lucien tendant l'oreille.

– Je dis que c'est à mon tour de donner, répète Alphonse en hurlant.

– Ah oui, oui.

Et Alphonse distribue les cartes.

– Fausse donne, dit Lucien.

– Comment? fait Alphonse qui tend l'oreille à son tour.

– Je dis: fausse donne, s'égosille Lucien.

– Ah oui, oui.

Léon, qui discute avec un client, se met à grogner.

– Dites, les deux vieux. Vous n'avez pas fini de gueuler comme ça! On n'entend que vous ici.

– Comment? disent en chœur Alphonse et Lucien.

– Fermez-la un peu, résume le patron.

Semblant se le tenir pour dit, les deux vieux retournent à leur belote. Lucien recommence la donne. Alphonse regarde son jeu et attaque d'entrée.

– Je prends à pique.

– Comment?

Alphonse répète en criant dans l'oreille de Lucien:

– Je dis: je prends à pique.

– Ah oui, oui. Hé bien moi, je vais à tout atout.

– Comment? fait Alphonse.

– Je dis que je vais à tout atout, hurle Lucien.

Exaspéré, le patron quitte son bar d'un pas décidé.

– Bon, j'en ai marre. Pour vous empêcher de gueuler, je vous supprime les cartes.

Il arrache le jeu des mains des deux vieux et va le ranger pêle-mêle dans le tiroir-caisse. Alphonse et Lucien se regardent, désemparés.

– Qu'est-ce qu'on va faire maintenant? demande Lucien.

– Comment? dit Alphonse.

– Je dis : qu'est-ce qu'on va faire maintenant? répète Lucien en hurlant.

Alphonse réfléchit. Et soudain, il a une idée.

– On va causer!

– Comment?...

*

Seize heures, l'heure du goûter, de la sortie des écoles. Un garçonnet, à qui des chromosomes de parents alcooliques et consanguins n'ont hélas pas fait de cadeau, entre dans le bistrot. Il s'approche du bar où le patron, embarrassé, se cache derrière un sourire aussi franc que celui d'un candidat aux présidentielles.

– Bonjour, monsieur le patron, ânnone le petit. Vous avez de la tarte aux concombres?

– Non, mon petit, répond le bistrotier que la question désarçonne. J'ai de la tarte aux fraises et aux pommes. Mais je n'ai pas de tarte aux concombres.

– Merci, monsieur le patron, dit le gamin déçu. Au revoir, monsieur le patron.

Et il s'en va. Le lendemain, à la même heure, l'enfant revient avec neuf camarades aussi retardés que lui.

– Bonjour, monsieur le patron, lancent-ils au gros homme sidéré. Vous avez de la tarte aux concombres?

Le patron essaie de s'excuser.

– Non, mes enfants, je suis désolé. Je l'ai dit à votre copain hier, je n'ai pas de tartes aux concombres.

– Merci, monsieur le patron, répondent-ils en chœur, au revoir, monsieur le patron.

Et ils s'en vont. Le surlendemain, ils sont vingt-cinq, tous identiques, à pénétrer en groupe dans le bistrot.

– Bonjour, monsieur le patron, crient-ils. Vous avez de la tarte aux concombres?

Le patron, impressionné, bredouille :

– Mais non, les petits. Je vous l'ai dit hier et avant-hier. Je n'ai pas de tartes aux concombres.

– Merci, monsieur le patron, au revoir, monsieur le patron.

Les enfants déçus sortent, la tête basse. La grosse Odette, qui a tout entendu, s'approche alors du patron, son mari.

– T'es complètement abruti, mon pauvre Léon. Ça fait trois fois que ces malheureux enfants viennent chez nous demander de la tarte aux concombres et t'en as pas une seule à leur offrir. Demain, ils vont revenir à cinquante et si tu n'as pas cinquante tartes aux concombres, t'es vraiment le roi des salauds et le roi des imbéciles aussi. Car tu vas rater une très belle affaire.

Après avoir grogné pour le principe, le patron sort acheter des concombres, de la farine, du beurre et cinquante moules à tartes. Toute la nuit, il travaille comme une brute, se disant qu'il n'est pas au bout du rouleau. D'ailleurs, lorsque le lendemain il contemple les cinquante superbes tartes aux concombres qui encombrent le bar, il est comme la pâte, il est brisé. Mais, à seize heures, les cinquante enfants annoncés par la grosse Odette entrent dans le bistrot.

– Bonjour, monsieur le patron, braillent-ils tous ensemble. Vous avez de la tarte aux concombres?

Le patron, mort de fatigue, tend alors les bras vers ses tartes si bien alignées.

– Oui, les enfants! Pour vous, j'ai cinquante tartes aux concombres.

Alors les cinquante mômes lui répondent dans un même élan :

– C'est pas bon, hein! Merci monsieur le patron. Au revoir, monsieur le patron.

*

Il est bientôt vingt et une heures. Dans le bistrot presque vide, un homme entre, le visage triste, et s'approche du bar.

– On peut dîner? demande-t-il au patron.

– Installez-vous dans le coin, lui répond l'autre en lui indiquant, d'un coup de menton, une table au bout de la banquette en Skaï rouge.

L'homme va s'y asseoir. Le patron vient aussitôt étaler devant lui une nappe en papier sur laquelle il dispose la carte et le couvert sans manifester plus d'état d'âme qu'une tête de veau sauce gribiche. Puis, ayant saisi calepin et crayon, il se tient prêt à prendre la commande. Sans même jeter un coup d'œil à la carte, le client pose ses deux yeux tristes sur le patron.

– Vous avez du poisson pas très frais? demande-t-il.

– Il doit m'en rester, répond le bistrotier, étonné mais content de se débarrasser d'un vieux stock.

– Avec je voudrais des pommes de terre à l'eau trop cuites, ajoute le client.

Le patron prend note sans dire un mot.

– Et puis du vieux fromage tout sec et une bouteille de rouge qui arrache l'œsophage comme un chat qui descend une gouttière en zinc toutes griffes dehors.

Le patron hoche la tête et fonce en cuisine. Quelques minutes plus tard, il revient en salle pour déposer sa commande devant le client.

– J'ai encore un petit service à vous demander, dit-il au patron. Asseyez-vous en face et moi et faites-moi la gueule.

Le patron s'exécute. L'autre laisse alors s'épanouir un sourire soulagé.

– Voilà! Comme ça, j'ai vraiment l'impression de manger à la maison.

*

Le patron du bistrot est en train de servir une dernière tournée quand arrive un clochard, déjà bien imbibé. Malgré l'heure tardive, l'immonde personnage est autorisé à s'approcher du bar. Il s'installe donc sur un tabouret et sort de sa besace crasseuse une petite souris qu'il installe sur le dos de sa main.

– Un ballon de rouge pour ma copine et moi, gargouille-t-il dans un borborygme.

Étonné et amusé, le patron sert le clochard. Ce dernier saisit le verre et fait boire délicatement le rongeur qui en vide un bon quart. Puis il porte le verre à ses lèvres en tremblant comme un parkinsonien après une partie de Baby-foot et le vide d'un coup.

– Un autre! brame-t-il en reposant le verre sur le comptoir.

Le patron obtempère. A nouveau le pochard donne à boire à la souris plus grise que jamais qui laisse échapper un rôt sauvage. Et la voilà qui entonne les premières mesures du « curé de Camaret ». Le clochard s'y met également. Bientôt dans le bar règne une épouvantable cacophonie vineuse. Soucieux de sa réputation, le patron attrape le clochard par le col et l'expulse sans ménagement en compagnie de sa souris.

– Dehors, les deux éponges. Il est minuit, le bar est fermé, leur crie-t-il.

Le temps que le clochard et son petit compagnon se relèvent, les lumières du bistrot sont éteintes et le rideau de fer baissé. Le clochard furieux se relève et hurle.

– Sale bistrotier de mon cul. Viens te battre, si t'es un homme. Viens!

La petite souris saoule se relève à son tour.

– Ouais, couine-t-elle rageusement. Viens te battre avec mon pote. Et si t'as un chat, amène-le.

*

C'est dimanche, jour de marché. Il y a tant de monde dans le bistrot que le patron voudrait s'appeler Shiva pour avoir six bras. Dans le fond de la salle, Fernand, le Marseillais, discute avec ses copains.

– L'automne dernier, raconte-t-il, je suis allé à la chasse au Canada. O bonne mère, tu aurais vu le gibier. Énorme. Un jour, dans la forêt, je vois un bestiau qui s'envole. Je le tire, il tombe. Vé, une caille grosse comme une poule. Le lendemain, je tire un lièvre tellement gros, on aurait dit un chien. Et le surlendemain, je tire un sanglier de la taille d'une vache. Alors, pour me le ramener à la cabane, je me dis, je vais le tailler en morceaux. Je sors mon grand coutelas et je lui découpe les deux cuisses. Je me les mets sur les épaules et je m'en vais.

Brusquement, la voix du patron s'élève au-dessus du brouhaha général.

– Ho, Fernand! C'est ta mère au téléphone.

– Ma mère! O boudiou! Je vais me faire engueuler.

Et voilà Fernand qui traverse à la brasse la foule bruyante et qui réussit à s'accrocher au bar comme le commandant Cousteau au bastingage de « la Calypso ». On lui tend le combiné.

– Allô, maman! Vouai, c'est moi!... Midi, déjà? Hé, bé! Non, j'avais pas vu! Je sais que tu m'attends pour déjeuner. Voui! J'ai acheté des bifetaiques. Et du fromage, voui!... Mais non, je suis avec les copains, on discute... mais non, je ne bois pas le pastis... Voui, maman, je rentre tout de suite. A tout de suite.

Il raccroche et repart à la brasse vers ses copains qui l'attendent.

– Bon! Où j'en étais, au fait? Elle m'a fait perdre le fil.

– Tu en étais, dit l'un des gars, aux cuisses sur les épaules.

– Ah voui! Alors elle s'est mise à gueuler : « Oh que c'est bon, encore, encore. »

LES HISTOIRES DE RAOUL LE DÉGUEULASSE

C'est le printemps. Raoul « le dégueulasse » se sent d'humeur guillerette en rentrant chez lui. Sa femme, qui l'attend pour le dîner, ne l'a jamais vu comme ça.

– Qu'est-ce que tu as, mon chéri ? lui demande-t-elle, inquiète.

– C'est le printemps, ma Ginette, chantonne l'autre avec un petit rire cochon. D'ailleurs je vais te faire un gros câlin.

Ginette s'étonne. Voilà cinq ans que Raoul ne l'a pas touchée. Un espoir fou l'envahit soudain.

– Tu veux dire que tu vas me faire l'amour ? demande-t-elle d'une voix vibrante comme la corde d'une mandoline entre les doigts d'un gondolier amoureux.

– Oui, répond Raoul dans un râle, je vais retirer doucement la bretelle gauche de ton soutien-gorge. Puis, avec les dents, je vais arracher l'autre.

Ginette sent peu à peu le désir s'ancrer dans son échine [1].

---

1. C'est l'ancre d'échine.

– Et puis, en me frottant contre toi, je retirerai ton slip par de longs mouvements langoureux de mes hanches.

Ginette n'en peut plus, elle lâche un cri rauque et se jette dans les bras de Raoul dont les lèvres s'approchent des siennes. Alors Raoul ouvre grands ses bras, lâche brutalement Ginette qui s'étale de tout son long et il pousse un ignoble rire en criant :

– Poisson d'avril!

*

Ginette et Raoul sont couchés. Tandis que son mari essaie d'apprendre par cœur les blagues les plus salaces contenues dans un fascicule intitulé finement *Gags à gogo*, Ginette essaie d'oublier son mariage raté en relisant pour la quinzième fois *Autant en emporte le vent*. Ses paupières commençant à ressembler à des tiroirs-caisses de buraliste, elle pose son livre sur la table de nuit et éteint sa lampe de chevet.

– Cesse de dormir les jambes écartées, grogne Raoul, tu tiens toute la place!

– Mais je ne peux pas dormir autrement, mon chéri!

– Un de ces jours, tu vas te payer une descente d'organes, fait Raoul de plus en plus grincheux.

– Mais non!

– A ton âge, y'a un risque, insiste odieusement Raoul.

Ginette ne répond pas et s'endort, comme d'habitude, les jambes écartées. Son mari n'insiste pas mais dans sa tête une idée répugnante est en train de pousser comme un champignon sur un tas de fumier.

Le lendemain matin, Raoul se réveille avant sa femme. Il se lève et, notant qu'elle marque toujours huit heures vingt avec ses jambes, il ricane avec méchanceté. Il prend un sac à provisions, descend chez le tripier auquel il achète deux kilos de mou de veau et du foie de génisse. Puis il remonte chez lui et dépose sans bruit sa collecte d'abats entre les jambes de sa femme. Son forfait accompli, il s'en va, se réjouissant par avance du résultat de sa plaisanterie.

Le soir, Raoul rentre chez lui.

– Tu avais raison! lui dit aussitôt Ginette, j'ai eu une descente d'organes.

– Ah, tu vois! fait Raoul, riant sous cape. Tu as appelé le médecin, j'espère?

– J'aurais dû, répond Ginette. J'ai eu un mal fou à tout remettre à l'intérieur.

*

Raoul entre dans un magasin de chaussures. Comme il a passé sa matinée à fouiller dans les poubelles pour récupérer des objets divers, un nuage de mouches le suit pas à pas. La vendeuse ne peut retenir une grimace de dégoût.

– Bonjour, Monsieur, dit-elle, que désirez-vous?

– Je voudrais les chaussures caca d'oie qui sont en vitrine.

– Bien sûr, Monsieur, asseyez-vous. Quelle est votre pointure?

– Du 46, répond Raoul, en écrasant une mouche qu'il mange.

L'estomac de la vendeuse est à la limite de lui renvoyer par pneumatique le café et la tartine qu'elle a pris au petit déjeuner. Elle décide donc de se débarrasser au plus vite de l'ignoble individu. En quelques secondes, elle trouve la paire de chaussures ad hoc et l'apporte à Raoul.

– On va essayer le pied droit, dit-elle, en général c'est le plus fort.

Ce disant, elle lui enlève la chaussure droite. Une épouvantable odeur de pied assaille violemment ses narines.

– Ça, c'est vrai, c'est le plus fort, fait la vendeuse en se rejetant en arrière et en retenant coûte que coûte son petit déjeuner qui insiste pour la quitter.

Elle se tourne alors vers l'arrière-boutique.

– Josette, lance-t-elle, viens vite, s'il te plaît.

La nommée Josette arrive nonchalamment.

– Qu'est-ce qu'il y a, Madeleine? demande-t-elle.

– Je ne peux pas chausser ce client, dit cette dernière à voix basse en montrant Raoul, il sent trop mauvais des pieds. C'est pas des chaussures qu'il devrait mettre, c'est des boîtes à camembert.

– On voit que t'as pas l'habitude. Ça fait vingt ans que je suis dans la chaussure, je ne sens plus rien. Je vais te montrer.

Elle s'approche de Raoul.

– Bonjour, Monsieur. Je vois que ma collègue a essayé de vous faire essayer le pied droit. Eh bien, moi, je vais vous faire essayer le pied gauche.

Josette retire la chaussure gauche usée de Raoul. Mais l'odeur de pied est comme le facteur, elle frappe toujours deux fois. Voilà Josette qui se met à éternuer et à éternuer encore.

– Ah, la vache, dit-elle à Madeleine, qu'est-ce qu'il cogne! Y'a longtemps que j'avais pas senti un truc pareil.

– Ah, tu vois, répond l'autre, on ne peut pas le chausser!

– Il faut pourtant faire quelque chose, insiste Josette, je ne tiens pas à le laisser moisir ici.

A cet instant, le patron du magasin arrive. C'est un pète-sec, genre Louis de Funès.

– Qu'est-ce que vous faites à jacasser comme des pies au lieu de servir? grogne-t-il. Vous ne voyez pas qu'il y a un client dans la boutique?

– Non seulement on l'a vu, mais on l'a senti, réplique Josette. C'est la première fois qu'on me débouche les sinus aussi vite.

– Rien n'arrête un marchand de chaussures, ma biche, fanfaronne le patron, pas même les mauvaises odeurs. Et vous savez pourquoi? Parce que l'argent n'a pas d'odeur.

– L'argent n'a pas d'odeur, mais lui, oui, répond Josette du tac au tac.

– Bon, soupire le patron, résigné, alors je vais vous montrer ce que c'est que le métier de chausseur. Et vous allez comprendre pourquoi c'est moi qui suis le patron.

D'un pas autoritaire, il s'approche de Raoul.

– Bonjour, Monsieur. Alors ces chaussures-là vous plaisent?

– Je veux! dit Raoul qui commence à s'impatienter.

Le patron se baisse pour lui faire essayer les chaussures laissées sur la moquette. Il se redresse aussitôt, le souffle coupé par l'ignoble fumet pédestre de son client. En suffoquant, il titube et se rattrape d'une main à ses étagères.

– Mais vous puez des pieds! hurle-t-il à l'attention de Raoul.

Puis il se tourne vers Josette et Madeleine.

– Ne fumez pas, ça va exploser.

Un mouchoir sur le nez, il fonce vers Raoul.

– Monsieur, vous êtes un porc, glapit-il. On ne va pas chez le marchand de chaussures avec des pieds qui puent comme ça.

Raoul essaie de répondre.

– Taisez-vous, n'ouvrez pas la bouche, vous allez tuer vos mouches, coupe le patron. Tenez, je vous donne ces chaussures, c'est un cadeau. Sortez, et ne remettez plus jamais les pieds ici.

– Surtout pas les pieds, souligne Josette.

Raoul, ravi, enfile ses chaussures neuves et se lève pour sortir. Mais s'arrêtant soudain près de la porte, il laisse échapper une flatulence tonitruante.

– Et avec ça, dit-il, est-ce que je peux avoir du cirage?

*

Raoul a décidé d'aller à la piscine pour s'exhiber dans les couloirs et faire peur aux dames en bondissant, nu, dans leur vestiaire. Il entre d'abord dans celui des hommes afin d'y déposer ses vêtements. Là, il tombe sur un grand Noir athlétique qui est en train de se changer. Étonné devant la taille de l'appendice génital de l'athlète, Raoul ne peut s'empêcher de faire un commentaire :

– Eh ben! Voilà ce qu'il me faudrait.

Le Noir, vexé, le toise d'un œil méprisant.

– Comment vous faites pour avoir une aussi grande zibounette? insiste Raoul.

Le Noir laisse échapper un sourire condescendant.

– Nos parents en Afrique nous attachent des tortues au bout du bangalla dès notre plus jeune âge, répond-il.

Raoul, ne comprenant pas que l'Africain se moque de lui, envisage déjà d'utiliser le procédé.

– Et si on n'a pas de tortue? fait-il.

– N'importe quel poids peut faire l'affaire, dit le Noir trop heureux que sa plaisanterie marche si bien.

Dès le lendemain, Raoul met des billes de plomb dans une chaussette qu'il attache au bout de son membre.

Quinze jours plus tard, il rencontre par hasard le grand athlète noir dans la rue.

– J'ai fait comme vous avec les tortues, lui dit-il fièrement.

Le Noir n'arrive pas à croire qu'il ait été pris au sérieux par cet idiot de Raoul.

– Et ça donne des résultats? demande-t-il prudemment.

– Oui, fait Raoul. Ma zibounette n'est pas beaucoup plus longue mais elle est déjà toute noire.

LES HISTOIRES MÉDICALES

Le docteur Bougnazal passe sa tête par la porte de la salle d'attente. Les patients sortent alors le nez de leur journal comme des vaches sortent le museau de l'herbe pour regarder arriver le fermier.

– Monsieur Van de Broot! appelle-t-il.

L'homme ainsi désigné se lève et sort de la salle d'attente sous les regards apitoyés des patients qui continuent de justifier leur appellation.

– Alors, monsieur Van de Broot, commence le docteur, je vous ai vu la semaine dernière, je crois?

– Oui, docteur et je voudrais que vous me donniez un autre traitement.

– Voyons, voyons, dit le médecin en fouillant dans ses fiches. Ah, voilà. Je vous ai dit de prendre une fois par jour un cognac et un bain salé. Ça ne m'a pourtant pas l'air bien difficile. Qu'est-ce qui ne va pas, dans ce traitement?

Le pauvre Van de Broot, embarrassé, se tortille sur son siège.

– Hé bien, docteur, se lance-t-il, pour le cognac, ça va. Mais le bain salé, je n'arrive pas à le boire en entier.

*

Le docteur Bougnazal fait mine de ne pas être impressionné par la grosse cantatrice noire américaine qui vient d'entrer dans son cabinet. Elle y pénètre d'une démarche royale portant sur elle un tel nombre de châles, de capes et de manteaux qu'on dirait qu'elle vend des tapis.

– J'ai un léger mal de gorge, dit-elle de son délicieux accent. J'aimerais que vous m'examiniez avant le concert en plein air que je donne ce soir.

– Très bien, répond le médecin, déshabillez-vous entièrement.

– Mais c'est juste pour la gorge! s'étonne la diva.

– Écoutez, chère Madame, moi je ne chante pas; alors, ne faites pas de médecine à ma place et déshabillez-vous, insiste le médecin.

La grosse chanteuse entreprend donc, à contrecœur, de se déshabiller sous l'œil goguenard du docteur Bougnazal qui ne peut s'empêcher, en contemplant ce spectacle, de penser à une énorme crevette noire en train de se décortiquer. La diva une fois nue, le médecin lui lance un ordre.

– Mettez-vous à quatre pattes devant le bureau, s'il vous plaît, dit-il.

– Mais, docteur..., s'insurge la chanteuse.

– Ne discutez pas. Je suis médecin et si je vous dis de vous mettre à quatre pattes devant le bureau, c'est qu'il y a une raison.

La cantatrice se met donc à quatre pattes. Le médecin la regarde un instant puis il tend son doigt vers la fenêtre.

– Toujours à quatre pattes, mettez-vous près de la fenêtre.

Prenant son mal en patience, la grosse Noire obéit.

– Et maintenant, mettez-vous à quatre pattes contre le mur, entre la commode et la plante verte.

La chanteuse effectue un créneau laborieux et va se garer contre le mur.

– Bon! Vous pouvez vous rhabiller, soupire le médecin.

Il se met à griffonner quelques mots uniquement lisibles par un pharmacien de la descendance de Champolion et tend l'ordonnance à la chanteuse.

– Voilà, Vous avez une toute petite rhino-pharyngite. C'est trois cents francs.

– Dites-moi, docteur, dit la cantatrice en se rhabillant,

pourquoi m'avez-vous fait mettre à quatre pattes devant le bureau, puis sous la fenêtre, puis contre le mur? C'est votre façon d'ausculter les gens?

– Pas du tout, répond le médecin. C'est parce que ma femme vient d'acheter un petit canapé en cuir noir et je voulais voir où j'allais le mettre.

*

L'homme qui vient d'entrer, chapeau sur la tête, dans le cabinet du médecin est particulièrement laid.

– Que puis-je faire pour vous, Monsieur? demande le docteur Bougnazal.

Sans un mot, l'homme retire son chapeau. Comme greffé sur son cuir chevelu se trouve un gros crapaud.

– Ah ben, ça alors! laisse échapper le médecin, surpris.

Il prend une loupe dans le tiroir de son bureau et s'approche de l'homme pour observer le batracien de plus près.

– Mais oui, mais oui, dit-il passionné. Il vous a carrément poussé sur la peau. Comment cela vous est-il arrivé?

– Je ne sais pas, répond alors le crapaud. Ça a commencé par une petite verrue sur le ventre.

*

– Alors, madame Chapiro, dit le docteur Bougnazal à la petite vieille assise dans le fauteuil face à lui. Qu'est-ce qui ne va pas?

– Docteur, répond la presque centenaire en chevrotant, je perds la mémoire.

– Depuis quand? demande le médecin.

– Depuis quand quoi?

*

Le patient, qui vient de sortir du cabinet du docteur Bougnazal, saute dans un taxi. Pendant tout le trajet qui le mène à son bureau, il ne cesse de marmonner.

– Vierge? Non, c'est pas ça! Taureau? Non plus...

Traversant d'un pas vif le hall d'entrée de la société qui l'emploie, il continue de soliloquer.

– Sagittaire? Non! Gémeaux, peut-être? Non, non!

Il prend l'ascenseur et continue de plus belle.

– Verseau? C'est pas ça! Vierge? Je l'ai déjà dit!

Il entre dans son bureau et, sans même saluer sa secrétaire, il décroche son téléphone pour appeler le docteur Bougnazal.

– Allô, docteur. C'est pas « Scorpion » que vous m'avez dit tout à l'heure?

– Non! Cancer! répond le médecin. Je vous ai dit que vous aviez un cancer!

*

– Bravo, Eugène. Vous êtes vraiment en pleine forme pour quatre-vingt-douze ans! lance gaiement le docteur Bougnazal en repliant son tensiomètre.

Le vieil Eugène, qui était allongé sur la table d'auscultation, se redresse.

– C'est parce que Dieu veille sur moi, dit-il.

– Sûrement, répond nonchalamment le médecin.

Eugène lui glisse en confidence:

– D'ailleurs, il se manifeste, il me fait des signes.

Le docteur Bougnazal commence à regretter son diagnostic de « pleine forme ».

– Cette nuit, par exemple, poursuit Eugène, je me lève pour aller faire un petit besoin. J'ouvre la porte des toilettes. Et hop, la lumière s'allume toute seule. Une fois terminé, je sors. Et hop, la lumière s'éteint toute seule. Là, j'ai senti que c'était un signe divin.

– Vous avez certainement raison, dit le médecin en raccompagnant le vieux bonhomme dans la salle d'attente. Maintenant, je vais ausculter votre femme.

Une petite vieille se lève, laissant sa chaise à Eugène qui s'y assoit.

– Attends-moi, papa, dit-elle à son mari. Je reviens.

Elle suit le médecin dans son cabinet. Ce dernier referme la porte en hâte.

– Dites-moi, Mauricette, glisse-t-il aussitôt à la vieille dame. Il n'a plus l'air d'avoir toute sa tête, votre Eugène. Figurez-vous qu'il m'a dit que, la nuit dernière, la lumière des toilettes s'était allumée toute seule lorsqu'il a ouvert la porte...

– Ah, le saligaud, coupe brutalement Mauricette. Il a encore pissé dans le frigo.

*

Un clochard africain, particulièrement sale et malodorant, entre dans le cabinet du docteur Goneau, sexologue. Bien qu'il ne connaisse que le swahili, le Noir réussit à s'exprimer dans notre langue en utilisant une terminologie élémentaire et néanmoins explicite.

– Docteur, bobo! Bouton sur zibounette!

Et l'homme entreprend de se déshabiller. De suffocants remugles commençant à s'échapper des fripes de son visiteur, le sexologue l'arrête avec des mots simples.

– Stop! Toi, pas te dévêtir. Moi connaître bobo bouton. Moi te donner un petit tube de pommade que toi mettre sur bouton et zibounette guérie.

Quinze jours plus tard, l'Africain revient consulter le médecin.

– Docteur, bobo! Encore bouton sur zibounette!

– Encore? s'étonne le médecin. Dans ce cas, toi continuer traitement plus longtemps.

Ce disant, il lui donne un tube de pommade deux fois plus gros que le précédent.

Un mois plus tard, l'Africain revient.

– Docteur, bobo! Bouton toujours sur zibounette!

– Ah! Saloperie de bouton! s'insurge le médecin. Je l'aurai. Toi, prendre pommade encore plus longtemps.

Il ouvre un placard et donne à l'Africain un jerricane de cinq litres de pommade. Six mois plus tard, l'Africain revient.

– Alors, demande le médecin, bouton parti?
– Oui, répond l'Africain, mais zibounette aussi.

*

L'homme qui entre dans le cabinet du docteur Goneau est triste comme un jour de Toussaint à Beyrouth-Ouest.
– Docteur, bredouille-t-il. Je suis malheureux parce que j'ai une toute petite zibounette.
– Faut pas être malheureux! réplique joyeusement le médecin. Comme dit le proverbe : il vaut mieux avoir un asticot travailleur qu'un boa paresseux.
Pour toute réponse, l'homme défait son pantalon et exhibe un sexe plus que ridicule dont la vision laisse le médecin pantois.
– Évidemment, convient-il, le proverbe ne s'applique pas aux vermicelles. Je ne vois qu'une solution, mon pauvre.
– Un traitement, une greffe? hasarde le malheureux, de l'espoir dans la voix.
– Non, un miracle. Allez donc à Lourdes, conclut le docteur.
Après mûre réflexion, l'homme au vermicelle se rend à Lourdes. Arrivé devant la grotte, il prie avec ferveur. Mais, gêné par la sainteté du lieu, il ne sait trop comment présenter sa requête.
– Faites que..., comment dire..., j'aimerais bien en avoir une qui traîne par terre.
Miracle. À peine a-t-il prononcé ces mots que le voilà transformé en cul-de-jatte.

*

Le téléphone sonne dans le cabinet du docteur Goneau. Ce dernier abandonne la patiente chez qui il était en train de rechercher le fondement d'un diagnostic et décroche.
– Allô? dit-il, car il n'a pas trouvé d'autre idée.
– Allô, bonjour, docteur, c'est monsieur Van de Broot, une fois.

– Monsieur Van de Broot! Qu'est-ce qui me vaut le plaisir? dit le médecin sur un ton digne du serment d'hypocrite.

– Je voudrais un renseignement, répond Van de Broot. J'ai eu des rapports avec la fille de mon chef de service, il y a quelque temps. Naturellement, elle a exigé que je mette un préservatif pour ne pas avoir d'enfants. Alors, étant donné que ça s'est bien passé il y a plus de neuf mois, est-ce que vous croyez que je peux maintenant retirer le préservatif?

*

Samedi soir, trois heures du matin. Chez Léon, le bistrotier, on sert la soupe à l'oignon. Les noctambules arrivent en masse, de l'appétit plein les mains. Et ça se bouscule. Et ça rit gras. Un homme entre, un peu poivrot, un peu paumé. Il s'assoit et commande une soupe pour éteindre les effets de l'alcool qui l'embrume. Dans le bol qu'on lui sert, il jette un regard à demi vitreux car il a un œil de verre. Puis il cramponne la cuiller et mange. Il a dû attraper froid au cours de ses pérégrinations nocturnes car le voilà qui éternue.

– A Bossuet, lance un étudiant qui a lu Prévert.

Le souhait fait rire notre homme. Il rit tant et si fort que son œil de verre tombe dans sa soupe. Le bouillon ayant lui aussi des yeux, il ne l'aperçoit pas et l'avale par inadvertance. En sortant de table, il sent soudain un poids sur son estomac et, comme Caïn dans « La conscience » de Victor Hugo, une espèce de regard intérieur.

Inquiet, il se présente aux urgences d'un hôpital. On l'emmène chez le gastro-entérologue qui lui demande de se déshabiller et de s'allonger sur le ventre. Pour l'ausculter, l'entérologue lui introduit un tube dans l'orifice le plus intime de son individu. C'est alors qu'il aperçoit l'œil de verre. Le médecin se redresse et, lançant un regard de reproche à son patient, il l'apostrophe.

– J'ai horreur qu'on me surveille pendant mon travail!

*

Ce jour-là, le docteur Pierre Lapau, ophtalmologiste, s'apprête à aller déjeuner lorsqu'un dernier patient le supplie de le recevoir d'urgence. Sensible aux arguments de l'intéressé, il remet sa blouse blanche et accepte de le recevoir.

Le docteur et son patient entrent dans le magnifique cabinet d'ophtalmologie tendu de soie japonaise. Outre les vitrines emplies de bibelots précieux, la pièce est richement décorée de tableaux de maîtres et d'un tapis chinois du XVIIIe siècle.

– Quel est votre problème? demande le docteur Lapau.

– Vous allez voir, répond laconiquement l'homme.

Il retire son imperméable, baisse son pantalon et, s'accroupissant au beau milieu du bureau, il se met à pousser, en grognant comme une truie.

– Mais, arrêtez, qu'est-ce que vous faites? s'écrie le médecin, stupéfait.

L'homme n'a cure de la protestation, il pousse derechef en grognant de plus belle. Son visage congestionné semble prêt à éclater. Et soudain, c'est le drame. L'ignoble goret dépose un monstrueux étron sur le splendide tapis chinois. Le médecin blêmit.

– Mais vous êtes malade! hurle-t-il. C'est pas un ophtalmo qu'il fallait aller voir, c'est un gastro-entéro.

– Non, non, répond son visiteur sans se démonter, tout en remontant son pantalon. C'est bien un ophtalmologiste qu'il me faut parce que lorsque je pousse aussi fort, regardez...

Il montre les coins de ses yeux.

– J'ai deux petites larmes qui me viennent là.

*

Il y a beaucoup de monde à la maternité, ce jour-là. Un enfant vient de naître et toute la famille est venue le voir. Le père, un chef d'orchestre célèbre, est assis près du lit où sa femme prend un peu de repos. Et il n'a pas le moral, le père. On le comprend, son fils est né sans oreilles. Pour un chef d'orchestre ça l'affiche mal. Et naturellement, tout au long de la journée, la famille défile devant le berceau en répétant immanquablement la phrase cruelle :

– Oh, vous avez vu, il n'a pas d'oreilles!

En fin d'après-midi, le chef d'orchestre est tellement énervé qu'il serait capable de faire jouer du Jimi Hendrix par l'orchestre symphonique de Suisse Romande.

– Le prochain qui me fait une seule allusion aux oreilles de mon fils, je lui fous ma main sur la gueule.

Tandis que sa femme essaie de le calmer, un vieil oncle arrive. Il s'approche du berceau. Le père serre les poings.

– Comme il est mignon, dit l'oncle tout souriant.

Mais le voilà qui fronce les sourcils.

– Dites-moi, demande-t-il au chef d'orchestre. Il n'aurait pas des problèmes de vue?

Pris au dépourvu, le père balbutie :

– Non! Heu, je ne crois pas!

– Tant mieux, reprend l'oncle, parce que s'il avait des problèmes de vue, il aurait du mal à porter des lunettes.

*

L'équipe chirurgicale entre en salle d'opération après un bon déjeuner copieusement arrosé. Le chirurgien souffle dans ses gants en latex pour les enfiler, ce qui lui attire aussitôt les quolibets avinés de l'anesthésiste.

– Hé! Si c'était un ballon, t'aurais bien six points en moins!

– Ouais, répond le chirurgien. Heureusement que je prends pas le volant.

Il s'approche du malade déjà endormi, en se tournant vers l'infirmière.

– Qu'est-ce qu'il faut lui faire?

– Il faut l'opérer du *lapin dixit*, pouffe-t-elle.

– L'appendicite? Bon! Passe-moi un truc qui coupe.

L'infirmière donne un bistouri au chirurgien. Il glisse alors ses mains sous le drap vert qui recouvre le patient et se met à couper sans visibilité.

– Mais qu'est-ce que tu fabriques? demande l'infirmière que tout cela fait rire.

– J'opère à l'aveuglette, répond le chirurgien sans se démonter. Parce que la vue des viscères après déjeuner, moi, ça me soulève le cœur.

Et brusquement le chirurgien hoquette, sa main dérape et il tranche quelque chose qui tombe par terre en faisant le bruit de deux petites balles.

– Mince, dit-il, qu'est-ce que j'ai coupé?

L'infirmière soulève le drap et se tord de rire.

– Tu lui as coupé les baboules.

– Alors là, il va gueuler, le Monsieur, ricane l'anesthésiste. Après ça, s'il se fait agresser dans le métro par des loubards qui lui demandent sa bourse, il répondra: « Désolé, j'ai plus que des petites coupures. »

Toute l'équipe explose de rire. Le chirurgien se fâche.

– Arrêtez, c'est pas marrant. Bon, on va les retrouver, ces baboules et je vais faire une greffe.

Tout le monde se met à chercher et brusquement le chirurgien sent quelque chose qui s'écrase sous son pied.

– Zut, une baboule! s'écrie-t-il, catastrophé.

– Ben, heureusement que t'en as écrasé qu'une! rigole l'infirmière.

Et, ce disant, elle écrase la deuxième. Épouvantée, elle se tourne vers le chirurgien.

– C'est pas grave, c'est pas grave. J'ai une idée, lance-t-elle, pour le calmer. Tu te souviens de ce qu'on a mangé à midi?

– On a bu surtout, corrige le médecin.

– Si, si, on a mangé de la langue avec des petites patates, insiste l'infirmière. Eh bien, je vais aller au restaurant chercher deux petites patates et tu les mettras à la place de ses baboules en guise de prothèses.

Sans épiloguer plus avant, elle fonce au restaurant et revient avec les deux patates. Le chirurgien les met en place et opère enfin son patient de l'appendicite.

Plusieurs jours plus tard, le même patient vient voir le chirurgien pour une petite visite de vérification.

– La cicatrice ne tire pas trop? demande le médecin, soucieux de la qualité de son travail.

– La cicatrice non, répond l'opéré. C'est plus bas que ça ne va pas.

– Du côté des baboules? C'est normal, c'est le choc

opératoire, déclare le chirurgien qui n'en est plus à un mensonge près.

– Non, ce n'est pas le choc opératoire, lui rétorque son patient avec un sanglot dans la voix. C'est le choc psychologique. Parce qu'avant, j'avais des morpions et maintenant, j'ai des doryphores.

*

Plusieurs voitures se sont télescopées dans un accident épouvantable. Les pompiers sont là, le SAMU, la police, les gendarmes et des marchands de sandwiches pour les badauds qui s'agglutinent. Au milieu d'un amoncellement de ferrailles encore fumantes, un homme crie.

– Ma jambe, ma jambe!

Les secouristes s'affairent. Ils chargent le blessé dans l'ambulance. On ramasse une jambe au hasard et on la jette dans l'ambulance qui démarre en trombe en hurlant de toutes ses sirènes.

Arrivés à l'hôpital, le blessé et sa jambe sont tout de suite conduits aux urgences. Le chirurgien se précipite et greffe la jambe sur le malheureux. Victoire, la greffe prend. C'est une réussite totale.

Quelques mois plus tard, l'opéré revient à l'hôpital pour une visite de contrôle.

– Alors, comment va cette jambe? lui demande le chirurgien.

– Bien, docteur, répond l'homme. Si ce n'est que cette jambe n'est pas la mienne.

– C'est possible, dit le chirurgien. Dans l'affolement, les secouristes ont peut-être ramassé la première jambe qu'ils trouvaient. Mais du moment qu'elle marche...

– Elle marche mais c'est une jambe de femme.

– Et alors?

– Et alors, fait l'homme, chaque fois que je vais pisser, je me casse la figure.

*

L'œil de Raoul « le dégueulasse » suit la main du docteur Caligula, le psychiatre, qui dessine sur le tableau blanc. Le feutre rouge trace un rond parfait en couinant comme une musaraigne écrasée. Le psychiatre se tourne vers son patient.

– Que représente pour vous la figure que je viens de tracer?

– C'est une femme à poil, répond Raoul du tac au tac.

Le psychiatre, sans dire un mot, trace maintenant un carré sur le tableau.

– Ça, c'est une femme à poil qui fait son marché avec un cabas, lance Raoul.

Toujours sans faire de commentaire, le psychiatre dessine cette fois un triangle. Son patient bondit, tout excité.

– Ça, c'est une femme à poil qui se fait violer, au milieu du marché, par le boucher, le poissonnier, le fromager et le bouc du marchand de bonbons au miel.

– Hé bien, hé bien, vous êtes le plus beau cas d'obsédé sexuel que j'aie jamais vu, dit le médecin qui n'en revient pas.

– Quoi, moi, un obsédé sexuel? s'insurge Raoul. Hé, c'est pas moi qui fais des dessins cochons.

*

Le malheureux jeune homme, étendu sur le divan du docteur Caligula, se tord les mains d'angoisse.

– Toutes les nuits, je fais le même rêve. Baudelaire, Verlaine, Rimbaud et Du Bellay s'assoient autour de mon lit. Ils me disent des poèmes. Nous parlons de choses délicates et pures et, tout d'un coup, ils me disent tous les quatre ensemble : « Bon, c'est le moment, on fait pipi. » Et je fais pipi au lit.

L'homme éclate en sanglots.

– Je n'en peux plus, docteur. Sauvez-moi.

– Ça n'est pas si grave que ça, dit le psychiatre en lui tapotant affectueusement l'épaule. Il y a une solution très simple. La nuit prochaine, lorsque vos quatre poètes reparaîtront et vous donneront l'ordre de faire pipi, vous leur répondrez : « Non, j'ai déjà fait. »

Le patient saute au cou du docteur Caligula.

– Ah merci, merci, docteur. Comment n'ai-je pas pensé à ça plus tôt! Vous m'avez sauvé.

En descendant l'escalier qui le conduit dans la rue, notre homme chantonne joyeusement : « J'ai déjà fait, j'ai déjà fait » au grand étonnement de la gardienne qui le regarde passer, les mains sur les hanches.

Le lendemain, de retour sur le divan du psychiatre, l'homme se prépare à raconter sa nuit.

– Vos poètes sont-ils revenus? demande le médecin.

– Oui, docteur. Ils m'ont encore dit de merveilleux poèmes. Nous avons parlé de fleurs et de jeunes filles fraîches comme la rosée. Et puis, comme d'habitude, ils m'ont dit tous ensemble : « Bon, c'est le moment, on fait pipi. » Là, je les attendais. Vous auriez vu la tête qu'ils ont fait quand j'ai répondu : « Non, j'ai déjà fait. »

– Bravo, très bien! s'écrie le psychiatre, enchanté.

– Seulement, reprend l'homme en pleurnichant, à ce moment-là, Rimbaud a dit : « Bon, alors, on fait caca »...

*

Un couple, accompagné d'un adolescent boutonneux, entre chez le docteur Caligula.

– Bonjour, docteur! Nous venons vous voir parce qu'il y a quelque chose qui ne va pas avec le petit.

– Nous allons voir ça, répond le psychiatre en faisant étendre le jeune homme sur le divan. D'abord, mon garçon, comment t'appelles-tu?

– Cotcotcot, répond le dadais.

– Ah bien! Je vois, dit le docteur Caligula en se grattant le menton. Et quel âge as-tu?

– Cocotcot cot, répond l'autre.

– Bon, bon, bon! Je vois, je vois.

Le docteur Caligula se tourne vers les parents.

– C'est un très joli cas de galinomanie caquetante. C'est-à-dire, pour parler vulgairement, que votre fils se prend pour une poule.

– Oui ! Ça, on avait remarqué, dit le père d'un air goguenard.

Cette attitude énerve le psychiatre qui prend la mouche [1].

– Si vous savez ce qu'il a, pourquoi venez-vous me voir ?

– Parce que ça fait quinze jours qu'il ne pond plus.

1. A la plus grande joie de l'araignée qu'il a au plafond

LES HISTOIRES DU TROTTOIR

Roger le souteneur entre dans la pharmacie du quartier où travaille son cheptel.

– Salut, ma poule, dit-il à la pharmacienne, je voudrais une capote pour tester mes tapineuses parce que j'ai pas envie de me choper la chtouille au cas où y'en aurait une de plombée.

La pharmacienne, qui en a vu d'autres, le toise avec mépris et dégoût.

– Monsieur, dit-elle posément, vous êtes d'une vulgarité écœurante. Sortez et revoyez votre langage. Je ne vous servirai que lorsque vous vous exprimerez correctement.

Impressionné par la façon dont cette femme a osé lui parler, Roger sort de la pharmacie, l'air piteux. Il fait le tour du pâté de maisons pour réfléchir.

– Hé ben, Roger, t'en fais une tête! lui lance une des petites ouvrières du bitume.

– Écrase, Ulla, répond l'autre.

– Je vois ce que c'est, t'as le moral à Zorro, bonjour le masque!

Le souteneur poursuit son chemin sans répondre. Le

voilà de retour à la pharmacie dans laquelle il entre à nouveau.

– Bonjour, madame la pharmacienne, commence-t-il, la bouche en cul de poule. Pour vérifier par conscience professionnelle la qualité du travail de mes jeunes protégées et afin d'éviter toute contamination accidentelle due au manque d'hygiène de certains de leurs clients, je voudrais une capote.

– Non, Monsieur, répond la pharmacienne sans pitié. On ne dit pas « capote ». Il y a d'autres mots plus châtiés pour désigner cet objet. Sortez et revenez avec un autre langage.

Furieux, Roger sort de la pharmacie. Et brusquement il a la révélation. Il entre de nouveau dans l'officine, un large sourire aux lèvres.

– Alors, fait l'apothicaire hautaine, ça y est, vous avez changé de vocabulaire?

– Oui, répond Roger, je voudrais un bleu de travail pour mon petit ouvrier.

*

Appuyée nonchalamment contre l'entrée de l'hôtel de Ouarzazate, Glita fait la tête.

– Qu'est-ce qui t'arrive, lui demande sa collègue Ulla. Y'a un client qui t'a craqué un élastique de porte-jarretelles?

– Encore faudrait-il que j'aie des clients! répond Glita d'un air pincé.

– Je vais te dire, ma chérie. Si tu veux avoir beaucoup de clients, il faut que tu les excites. Moi, je me suis fait tatouer le portrait de mes idoles sur les cuisses. Johnny à gauche, Eddy à droite. Et tant que mon client n'a pas deviné qui c'est, il fait ceinture.

– C'est pas le trottoir que tu devrais faire, c'est question pour un champignon!

– Tu m'as comprise, enchaîne Ulla.

– Ça ne me dit pas ce qu'il faut que je fasse, dit Glita, désespérée.

– C'est quoi, tes idoles?

– Moi, j'aime bien les joueurs de tennis.
– Hé bien! fais-toi tatouer leurs têtes sur les cuisses.
– Après tout, pourquoi pas? répond Glita, une lueur d'espoir dans son œil bordé de couenne et de Rimmel.
Sans perdre une seconde, elle se rend, à deux pas de là, chez Tao-Tsin, le tatoueur.
– Bonjour, Tao, j'ai besoin que tu me fasses le portrait de Jim Courrier et de John Maquereau sur les cuisses.
– Tu veux dire Mac Enroe, corrige le Chinois.
– C'est ça!
L'Asiatique sort son matériel et, à l'aide de photos-modèle, il bâcle en quelques minutes deux gribouillis non identifiables.
– On dirait du Mickey l'ange, dit Glita admirative.
Elle se jette aussitôt dans la rue et montre les dessins à tout le monde en soulevant sa minijupe.
– Approchez, approchez, braille-t-elle. Je fais une passe gratuite à celui qui reconnaît les sportifs.
– Moi, je veux bien, fait un militaire, intéressé.
Trop heureuse, Glita l'emmène à sa suite dans l'une des chambres de l'hôtel de Ouarzazate. Elle se déshabille et s'allonge devant le jeune bidasse en lui présentant ses cuisses ouvertes.
– Alors, dit-elle. Tu reconnais les sportifs?
– Non!
– Je vais t'aider. Ce sont des joueurs de tennis!
Les lamentables gribouillis de Tao-Tsin ne semblent pas inspirer davantage le militaire.
– Celui de droite, je ne vois pas, dit-il. Celui de gauche non plus.
Soudain son œil s'allume.
– Ah! mais celui du milieu, je crois savoir. Ces grosses lèvres et cette tignasse frisée, ce serait pas Noah?

*

Ulla arpente le macadam en tortillant du croupion car on est à la veille de Noël et Roger lui a filé un marron. Un jeune homme s'approche.
– Combien c'est, Madame?

– Cinq cents francs, mon petit.
– J'ai que trois cents francs, ça suffit pas?
– Non mais, dis donc, petit morveux, fait Ulla vexée, t'as vu le matos?
– Y'a du kilométrage, remarque le gars.
– Oui, mais c'est pas de l'usure, c'est de l'expérience.
Le jeune homme est bien embêté face à cette furie qui lui tient tête.
– Et si je vous donne mes Adidas en plus...
– D'accord, fait Ulla qui a besoin de travailler. Mais je te préviens, ça sera sans orgasme.
Le marché étant conclu, Glita et son client se retrouvent dans l'une des chambres de l'hôtel de Ouarzazate. Lui se déshabille et pose ses Adidas sur le tapis. Elle le rejoint et sans bouger un cil, sans laisser échapper un seul soupir d'aise, Glita laisse son client assouvir ses instincts sexuels. Après quelques minutes, le jeune homme sent sa partenaire bouger et pousser même un gémissement. Il jubile.
– Ah, ah! C'est pas un début d'orgasme, ça?
– Mais non, petit crétin, fait Ulla, j'essaie tes baskets.

*

Il pleut sur la capitale. Le trottoir est triste à faire pleurer un Khmer rouge. Ulla et Glita se sont installées au bistrot du coin en attendant que la pluie cesse. Soudain Rita la rousse entre, trempée des pieds à la tête. Elle a un joli petit ventre tout rond.
– Dis donc, toi, lui dit Ulla, tu serais pas enceinte, par hasard?
– Si, répond Rita, gênée.
– Ah ben, bravo. C'est Roger qui va être content, dit Glita, scandalisée. Qui c'est qui t'a fait ça?
– C'est un client!
– Un client? T'aurais pu faire attention, quand même!
– C'est lui qui aurait pu faire attention, se défend Rita.
– Tu sais qui c'est, au moins?
– Même pas!
– T'es vraiment naze, toi alors!

– Et toi, riposte Rita piquée au vif, quand tu bouffes un plat de flageolets, tu sais lequel qui te donne des gaz?

*

– C'est combien, Madame?

– Je vais pas avec les mômes, répond Glita au petit bonhomme qui se présente devant elle.

– Je ne suis pas un môme, je suis un nain.

La nuit étant tombée sur Pigalle comme une escouade de flics sur un receleur, la prostituée se penche pour mieux voir son interlocuteur.

– Un nain, constate-t-elle, c'est vrai que t'es un nain. Ça, c'est chouette. On m'a toujours dit que les nains étaient montés comme des théières.

– Vous n'avez pas répondu à ma question. C'est combien?

– C'est cinq cents francs!

Le nabot fouille dans son portefeuille et sort deux cent cinquante francs.

– Je t'ai dit cinq cents! C'est parce que t'as les oreilles au ras du sol que t'entends mal, grogne Glita.

– Non, c'est parce que je suis une demi-portion. J'ai droit à un demi-tarif.

Glita fait semblant d'accepter car, étant une spécialiste de la bourse, elle a eu le temps d'apercevoir plusieurs portraits de Blaise Pascal sur papier monnaie dans le portefeuille du nain. Elle compte aussitôt mentalement combien elle va lui faire dépenser de « Pascal [1] ». Glita emmène donc son client dans l'hôtel. Après qu'ils se soient déshabillés, elle l'installe sur un tabouret et commence son ouvrage. Après quelques minutes de travail, la prostituée agrippe fermement le nain par les épaules. Elle donne un coup de pied violent dans le tabouret. Le nabot se retrouve ainsi les pieds dans le vide et les yeux exorbités de peur, se demandant ce qui lui arrive.

1. Il est normal que le billet de cinq cents francs serve au commerce du sexe féminin, Blaise Pascal étant l'auteur d'un *Traité du triangle arithmétique*.

– Et maintenant, fait Glita, c'est deux mille balles ou je fais le moulin à vent.

*

Un taxi vient de s'arrêter près d'Ulla. La vitre arrière s'ouvre et la tête d'un homme apparaît.

– Ça vous gêne de faire une passe dans un taxi?

– Pas du tout, répond Ulla. Ce sera mille balles.

Sans un mot de plus, l'homme ouvre la porte du taxi et Ulla s'y engouffre.

– Au bois de Boulogne, dit-il au chauffeur, tout en sortant son argent.

– Pourquoi le bois de Boulogne?

– J'aime le bois, ses odeurs, son ambiance, chuchote l'homme d'une voix que l'impatience du désir fait vibrer comme les ailes d'un bourdon violé par Rimsky Korsakov.

Jusqu'au bois, rien ne se passe. Ulla commence même à s'inquiéter. Ce n'est que lorsque le taxi arrive à la porte Dauphine que l'homme se penche en avant et glisse au chauffeur l'itinéraire détaillé de la course.

– Vous allez prendre la route de Suresnes, puis l'allée de Longchamp, ensuite à gauche, direction le lac inférieur que nous longerons jusqu'au carrefour des Cascades pour revenir place de Colombie par l'avenue de Saint-Cloud.

Le chauffeur opine du chef et s'engage dans le bois tandis que l'homme s'engage dans l'intimité de sa partenaire. Ulla surprise s'aperçoit trop tard que son client est entré par la porte de derrière alors que celle de la devanture lui était ouverte.

– Non, pas par là! Pas par là, s'écrie-t-elle.

Le chauffeur de taxi se retourne alors, vexé.

– Occupe-toi de tes fesses, moi je connais le bois par cœur!

*

L'accent embaumé de bière et de frites du touriste qui s'adresse à Glita laisse deviner sa provenance d'un plat pays où la candeur et le sourire n'ont d'égal que l'arrogance et l'insouciance gauloise.

– Excusez-moi de vous déranger dans votre labeur, Madame. Je voudrais une fois un renseignement. Un copain m'a dit que les péripatéticiennes françaises pratiquaient le soixante-neuf. Mais il n'a pas pu m'expliquer. Est-ce que vous sauriez me faire une description?

– Je vais faire mieux que ça mon chou, dit Glita en attrapant le touriste par la main. Je vais te montrer.

Joignant le geste à la parole, elle emmène son client dans sa chambre d'hôtel.

– Déshabille-toi et allonge-toi, j'arrive.

Tandis que le Belge s'exécute, Glita retire sa minijupe. A cet instant précis, elle laisse échapper une flatulence extrêmement incongrue. Le touriste, qui s'était allongé sur le lit, se redresse, outré.

– Mais dites, c'est vous qui venez de faire ça?

– Oui, dit Glita confuse. Excuse-moi, mon chéri.

Rouge de honte, elle retire son soutien-gorge et laisse échapper inopinément un nouveau coup de trompe flatulent. Le Belge est furieux.

– Arrêtez, une fois. Ce n'est pas tolérable.

– Je suis vraiment désolée, fait Glita qui ne sait plus où se mettre.

Elle se fend d'un beau sourire pour se donner une contenance et s'approche du lit. Mais hélas, pour la troisième fois, elle lâche une salve bruyante qui fait bondir le touriste.

– Ah non, cette fois, ça suffit, lance-t-il hors de lui. Je vous préviens, Madame, s'il y en a encore soixante-six comme ça, j'arrête tout de suite.

LES HISTOIRES D'HÔTEL

Comme tous les matins à « l'hôtel des Deux Marmottes », à Saint-Fémoi-les-Burnettes, le chant mélodieux de l'aspirateur, manié par Micheline, la femme de ménage, se fait entendre. Ce qui permet à Ghislaine, la femme de chambre qui n'est pourtant pas chorégraphe, de monter un balai au premier étage. Après quelques minutes de travail dans l'une des chambres, elle interpelle sa collègue.

– Dis donc, Micheline, le monsieur et la dame de la 14, ils ont dîné dans leur chambre, hier soir?

Micheline éteint son instrument à vent.

– Oui, ils ont mangé des abricots farcis.

– Tu en es sûre?

– Oui, oui, insiste Micheline. La dame disait au monsieur : « Qui c'est qui va se le farcir, mon petit abricot? » Et le monsieur aimait drôlement ça parce qu'il disait : « C'est bon, c'est bon! »

– Hé bien, figure-toi qu'ils ont mangé du saucisson aussi, dit Ghislaine.

– Comment tu sais ça?

– Parce que je viens de trouver la peau sur la carpette.

*

Van de Broot vient d'arriver à l'hôtel. Après s'être fait enregistrer à la réception, il monte sa valise dans sa chambre. Dans le couloir, il croise Ghislaine, la femme de chambre.

– Mademoiselle, lui dit-il, je voudrais un verre plein d'eau sur ma table de chevet, s'il vous plaît.

– Bien, Monsieur.

– Je voudrais aussi un verre vide.

– Un verre plein d'eau et un verre vide, répète Ghislaine. Pourquoi un verre vide?

– Parce que des fois la nuit j'ai soif et puis des fois j'ai pas soif.

*

Il est une heure du matin à Saint-Fémoi-les-Burnettes. Dans « l'hôtel des Deux Marmottes », le tic-tac lancinant de la vieille pendule résonne sous sa cloche de verre solitaire sans troubler les luttes intestines d'une bande de souris qui se disputent les dernières miettes du gâteau creusois laissées par le vieux réceptionniste. Brusquement, ce dernier est réveillé par des coups discrets frappés à la porte de sa chambre. En grognant, il se lève et va ouvrir. Il se trouve nez à nez avec Albert Spätzlii, un Suisse en vacances et en pyjama.

– Excusez-moi de vous déranger, dit-il. Vous pourriez me donner un verre d'eau?

Le gardien de nuit, furieux, va remplir un verre au robinet de sa salle de bains et le donne au Suisse. Ce dernier le remercie et retourne dans sa chambre. Quelques instants plus tard, Spätzlii revient frapper à la porte du gardien.

– Je peux avoir un autre verre d'eau? dit-il timidement.

Le gardien se demande s'il va jouer à la pétanque ou au billard avec les boules qui commencent à lui monter à la gorge. Comme précédemment, il va remplir le verre d'eau et le rend au Suisse. Celui-ci remercie très poliment et s'en va. Quelques minutes plus tard, il revient frapper à la porte du gardien.

– Qu'est-ce qu'il y a encore? demande ce dernier en ouvrant la porte dans un mouvement d'humeur.

– Je voudrais un autre verre d'eau, dit Spätzlii.
– Mais qu'est-ce que vous avez pu bouffer pour avoir soif comme ça? s'énerve le gardien.
– J'ai pas soif, répond le Suisse, il y a le feu dans ma chambre.

*

L'incendie qui avait commencé de ravager « l'hôtel des Deux Marmottes » a été vite jugulé par les pompiers de Saint-Fémoi-les-Burnettes.
Lorsqu'il est certain que tout danger est écarté, le capitaine bat le rappel de ses troupes.
– L'incendie est circoncis, coupez les lances, crie-t-il.
Les pompiers, disciplinés et très organisés, commencent à replier leur matériel.
– Où est Glagnieux? demande le capitaine.
– Il est monté dans les étages, répond Jaunet, l'un de ses camarades.
– Va voir s'il ne lui est rien arrivé.
Jaunet monte dans l'immeuble encore fumant dont les murailles suintantes et fuligineuses l'incitent à siffloter « Chantons sous la suie » pour se rassurer.
Pendant ce temps, le capitaine s'impatiente.
– J'espère qu'il n'est rien arrivé à Glagnieux! se dit-il, anxieux.
Mais une demi-heure se passe sans que Glagnieux ni Jaunet ne soient revenus. Le capitaine décide donc d'aller chercher lui-même ses deux soldats du feu dans les étages. Arrivé là, il entend deux souffles rauques.
– Bon sang, se dit-il, mes deux gars ont dû s'asphyxier.
Il abat à coups de hache un pan de cloison qui gêne son passage et réussit à se frayer un chemin parmi les décombres. Et soudain, que voit-il? Jaunet et Glagnieux, en train de s'adonner à des pratiques indécentes normalement réservées aux chèvres et aux légionnaires.
Devant une telle vision, le capitaine évite de justesse l'accident cardiaque.
– Qu'est-ce que vous êtes en train de faire, bande de dégueulasses! hurle-t-il. Les deux pompiers sursautent et rajustent leurs vêtements à la hâte.

– Vous n'avez pas honte? poursuit le capitaine.
– Je vais vous expliquer, mon capitaine, dit Jaunet, gêné. Quand je suis arrivé, j'ai trouvé Glagnieux évanoui dans les gravats. Alors, je lui ai fait la respiration artificielle.
– Mais c'est pas comme ça qu'on fait, voyons, crie le capitaine hors de lui. Quand on veut faire la respiration artificielle, on fait le bouche à bouche!
– Je sais, mon capitaine, répond Jaunet en rougissant, c'est comme ça qu'on a commencé.

LES HISTOIRES DE GÉRARD LE VENDEUR

Gérard est vendeur de gadgets et cadeaux d'entreprises. Il parcourt la France d'Est en Ouest et du Nord au Sud à longueur d'année. Quand le temps est trop froid ou trop pluvieux, il préfère prendre le train. Voilà pourquoi, ce jour-là, Gérard entre dans la gare Montparnasse afin de prendre le TGV pour Rennes. Il est arrivé en avance afin d'acheter son billet et sa réservation à l'une des machines automatiques qui sont installées dans le hall. S'approchant de l'une d'elles, il introduit sa carte bleue dans la fente ad hoc et programme sa demande en pianotant sur les touches du clavier comme un Chopin ferroviaire [1]. Un moment d'attente puis une avalanche de déclics, la mitraillade d'une imprimante et un billet sort d'une autre fente. Gérard l'attrape et se met en route vers son train. C'est alors que, posant les yeux sur le billet, il se rend compte de l'anomalie. A la place des coordonnées du TGV et de l'heure du départ, la machine a inscrit une phrase étrange :

1. Dont les valses regardent passer les trains.

« Bonjour! Vous allez prendre le train de Rennes et, dans une minute, vous allez péter comme un goret! »

Gérard est furieux. Il foudroie du regard cette maudite machine qui semble totalement détraquée. Il chiffonne le billet et le jette rageusement dans une corbeille. Puis décide de partir à la recherche d'une autre machine. Mais au moment où il attrape sa valise et la soulève, il laisse échapper une tonitruante flatulence qui résonne dans le hall comme les sirènes du « France », autrefois, dans le port de New York. Des voyageurs rigolards et d'autres, scandalisés, se retournent sur Gérard qui, rouge de honte, ne sait où se cacher.

– Elle est dingue cette machine! se dit-il tout de même. J'ai encore un quart d'heure, je vais voir si elle me refait le même coup.

Il exhibe à nouveau sa carte de crédit et la glisse dans la même fente. Quelques instants d'attente et, après une salve de déclics, un billet sort, portant cette nouvelle petite phrase :

« Bonjour! Vous allez prendre le train de Rennes et, dans une minute, vous allez vous faire violer par deux Sénégalais! »

Gérard rigole.

– Cette machine est vraiment complètement détraquée, se dit-il. Pendant un instant j'ai cru qu'elle s'était mise à prédire l'avenir.

Il jette le billet et, prenant sa valise, il se dirige vers une autre machine. C'est alors que deux Noirs, bâtis comme des armoires francomtoises en ébène, jaillissent d'un coin sombre et l'entraînent dans les toilettes de la gare où ils lui font subir les derniers outrages, en poussant des hurlements de gorilles schizophrènes en rut. Puis ils s'enfuient, laissant Gérard étendu au milieu de sa valise explosée et de ses affaires dispersées dans les toilettes. En geignant, le VRP se rajuste. Ayant refermé sa valise, il fonce vers l'étrange machine qui, à n'en pas douter maintenant, prédit l'avenir d'une manière étonnante. Tremblant d'émotion, il y enfonce sa carte de crédit et pianote à nouveau sur le clavier. Nouvelle série de bruits nerveux. Un billet sort qui porte une phrase concluante :

– A force de péter comme un goret et de vous faire violer par des Sénégalais, vous venez de rater le train de Rennes!

*

Gérard est arrivé à Rennes. Mais il s'est égaré dans un quartier qu'il ne connaît pas. La rue est déserte. Seul un homme, debout sur une échelle, est en train d'accrocher autour de sa porte des objets que Gérard identifie peu à peu comme étant des presse-purée. Aux pieds de l'échelle se trouve d'ailleurs une brouette pleine de presse-purée. Partout sur la maison, des presse-purée sont accrochés. Il y en a sur les volets, la gouttière, les balcons. Gérard s'approche de l'accrocheur fou.

– Pardon, Monsieur!

– Quoi, qu'est-ce qu'il y a? riposte l'homme en sursautant sur son échelle comme une grenouille dans un micro-ondes.

– Excusez-moi de vous déranger dans votre travail de plantage de presse-purée, je suis perdu.

– Ce n'est pas un travail de plantage de presse-purée, réplique l'homme, c'est de la protection.

– De la protection contre quoi? demande Gérard timidement.

– C'est pourtant clair, hurle l'autre en haut de son échelle, je plante des presse-purée pour éloigner les girafes.

– C'est évident, répond Gérard qui ne veut pas contrarier le fou. Mais vous êtes sûr qu'il y a des girafes en Bretagne?

– Vous en doutez?

– Oui, parce que là, je n'en vois pas une seule.

– Évidemment, crie l'homme, avec tous les presse-purée que j'ai mis!

*

En sortant de « l'hôtel Newton [1] » à Genève, Gérard décide de longer le lac Léman afin d'emprunter l'air car les Suisses ne le lui auraient jamais laissé prendre. Des cris provenant du lac se font entendre. Gérard aperçoit alors un homme en train de se noyer dont les bras s'agitent désespérément. Dieu merci, un policier genevois arrive à cet instant.

– Monsieur, lui dit Gérard, il y a un type qui se noie dans le lac, là-bas.

Le policier le regarde d'un air suspicieux.

– Vous n'êtes pas d'ici, vous.

– Non, je suis Français!

– Ah, il me semblait bien, avec l'accent, dit le flic avec un sourire.

– Oui, mais il faut sauver cet homme qui est en train de se noyer, insiste Gérard en pointant son doigt vers le lac.

– Vous êtes de Paris ou bien, dit un autre Suisse, qui vient d'arriver à côté du flic.

– Sûrement, répond ce dernier, il m'a dit qu'il était Français.

– Il me semblait bien.

– Et puis vous, vous êtes de Zurich, ça s'entend, enchaîne le flic.

– Mais enfin, Messieurs, un homme se noie, faites quelque chose, s'énerve Gérard.

– Au secours, hurle le pauvre type qui commence à faire un bruit de vidange de baignoire.

– On entend pas bien son accent d'ici, commente le flic, ça doit être un Vaudois.

Excédé, Gérard prend alors le taureau par les cornes. Il pose sa mallette, retire sa veste et court vers le lac dans lequel il plonge. En quelques brasses, il a rejoint le malheureux qui a déjà sombré dans les eaux glacées. Il le remonte à la surface et, dans un effort surhumain, il réussit à le ramener sur la rive. Ayant tiré seulement le torse du rescapé hors de l'eau vu l'urgence de la situation, il entreprend d'aspirer l'eau contenue dans ses poumons en pratiquant le bouche à bouche. Tandis qu'il opère, le flic

1. Isaac Newton se disait Suisse et descendant de Guillaume Tell à cause d'une pomme qu'il avait reçue sur la tête, en 1725.

et le badaud s'approchent. Ils observent un instant Gérard aspirant l'eau par la bouche du noyé puis la recrachant à côté.

– Dites, Monsieur, fait soudain le flic, vous pourriez pas lui retirer les fesses de l'eau?

– Pourquoi? fait Gérard entre deux aspirations.

– Parce que vous êtes en train de vider notre lac!

*

Il est temps de rentrer en France. Gérard a replié sa valise et quitté « l'hôtel Newton ». Il se dirige vers la gare d'un pas guilleret.

Hélas, la pluie se met à tomber.

– Zut! j'ai oublié mon parapluie, constate Gérard.

Il retourne aussitôt à l'hôtel. Le réceptionniste semble très embarrassé.

– Je suis désolé, Monsieur, mais je viens de louer la chambre que vous aviez à un couple d'amoureux qui semblait bien pressé.

– Bon sang, mon train part dans une demi-heure. Je ne peux pas attendre qu'ils aient fini.

Ce disant il pose sa mallette et grimpe l'escalier quatre à quatre. Arrivé devant la porte de son ex-chambre, il s'apprête à frapper quand des gloussements enamourés l'arrêtent.

– Et les petits pieds, ils sont à qui? dit une voix d'homme.

– Hi, hi, ils sont à moi, gazouille une voix de femme.

– Et les petits tétons, ils sont à qui?

– A moi, continue la coquine en riant.

– Et les petites fesses mignonnes, fait l'homme d'une voix rauque, à qui?

– A moi, râle la femme.

– Et ça, c'est à qui?

– Hou là! Ça, c'est à toi!

Alors avant qu'il ne soit trop tard, Gérard lance d'une voix hésitante :

– Quand vous en serez au parapluie, attention, il est à moi.

*

Il est très rare qu'un VRP soit reçu au couvent de Saint-Fémoi-les-Burnettes. D'autant que la demande qu'adresse la mère supérieure à Gérard le VRP est assez étonnante.

– Vous n'ignorez pas que nous avons ici des novices, dit-elle. Or, ces jeunes filles sont particulièrement attirées par le jardinier dont elles aimeraient emprunter les outils pour s'amuser un peu.

– Je vois, fait Gérard d'un air entendu.

– Afin de permettre à mes novices de respecter leur vœu de chasteté, j'ai pensé fournir à chacune d'elles un de ces appareils électriques qui font la joie des jeunes filles solitaires.

– Excellente idée, dit Gérard en ouvrant une grande mallette. J'ai ici plusieurs modèles de chez V.O.M.S. [1] Combien vous en faudrait-il?

– Cinquante, laisse tomber la mère supérieure.

Gérard manque de s'étrangler devant l'ampleur d'une telle commande.

– Dans ce cas, ma mère, je vais vous faire un prix et vous en offrir un.

– Oh vous savez, à mon âge, on ne pense plus à ces choses-là, répond la sœur avec un petit sourire modeste.

– Ça me fait plaisir, insiste Gérard, allez, choisissez.

– Bon, puisque vous y tenez.

La mère supérieure inspecte d'un coup d'œil l'échantillonnage contenu dans la mallette. Son grand doigt noueux se tend alors vers un objet.

– Je prendrai celui-là.

– Ah non, pas celui-là, supplie Gérard, c'est mon Thermos.

*

La voiture de Gérard vient de s'arrêter à un feu rouge. N'ayant rien d'autre à contempler que les immeubles déprimants de la cité qui borde l'avenue, le vendeur

1. Vibre-O-Ma-Sœur.

regarde dans son rétroviseur dont la forme et l'image captivante lui rappellent la télé. Il y voit arriver une moto. Son conducteur s'arrête sur la droite de la voiture. Il oublie de poser le pied à terre, la moto restée en équilibre un instant s'abat violemment sur la bordure du trottoir dans un bruit de ferraille impressionnant. Le feu passe au vert. Gérard démarre et voit dans son rétroviseur le motard se relever, apparemment sans mal.

Le feu suivant passant au rouge, la voiture du vendeur s'arrête à nouveau. Le motard la rejoint et oublie encore une fois de poser le pied à terre. La moto s'effondre encore sur la droite avec fracas.

Gérard commence à rigoler. Il démarre mais traîne un peu pour laisser le feu suivant passer au rouge. Lorsqu'il s'y arrête, il voit la moto arriver de nouveau à sa hauteur. Cette fois elle s'arrête sur la gauche. Le motard ne pose toujours pas le pied à terre. La moto tombe mais le casque du motard heurte l'aile avant gauche de la voiture, y imprimant une forme arrondie du plus bel effet. D'un seul coup, Gérard perd son sourire. Il descend de voiture hors de lui. C'est là qu'il aperçoit le B sur la plaque arrière de la moto.

– Non, mais ça va pas, crie-t-il au motard qui se relève avec peine.

– Excusez-moi, Monsieur, mais je suis très malheureux parce que ma femme est partie, une fois.

– C'est pas une raison pour me bousiller une aile, hurle Gérard au nez duquel la moutarde monte plus vite que la main d'un satyre dans la culotte d'une nymphe.

– C'est que je n'ai pas l'habitude, savez-vous.

– Vous n'avez pas l'habitude que votre femme vous quitte ou de poser le pied par terre en moto?

– Les deux, Monsieur, répond l'autre en pleurnichant, parce qu'elle est partie avec le side-car!

*

Le directeur de l'usine de gadgets allemands V.O.M.S. vient d'arriver à Paris pour rencontrer Gérard. Il n'est jamais venu en France et il a très vite repéré la petite assistante du patron de la succursale française.

– Comment faire pour sortir avec jolie petite mademoiselle? demande-t-il à Gérard avec un fort accent teuton.

– D'abord, il faut le lui demander! répond le vendeur.

– Et après, je l'emmène dans une taverne pour dîner...

– Si vous voulez, ou bien dans un restaurant français plein de poésie.

– Yawohl. Mais comment faire pour montrer ma grosse passion?

– En France, nous aimons le romantisme. Nous emmenons notre compagne dans notre chambre d'hôtel. Là, nous nous arrangeons pour dégrafer légèrement le haut de sa robe et agrandir ainsi son décolleté. Ensuite, nous servons le champagne bien frais dans deux coupes en cristal.

L'Allemand, ébahi, écoute le Français avec attention, tâchant de retenir tous les détails de la manœuvre.

– Ensuite, continue Gérard, tenant la coupe de champagne, nous l'enserrons tendrement dans le bras droit et, tout en l'embrassant délicatement dans le cou et en lui effleurant le lobe de l'oreille avec la lèvre supérieure gauche, nous lui renversons un peu de champagne de façon à ce que la goutte coule le long de son sein droit, lui effleure le téton et tombe sur l'intérieur de sa cuisse gauche. Vous avez suivi?

– Ya, ya, fait l'Allemand, époustouflé, mais est-ce qu'on peut faire la même chose avec de la bière?

*

Il n'y a personne dans le restaurant dont Gérard le vendeur vient d'ouvrir la porte.

– Y'a quelqu'un? lance-t-il à la cantonade, à plusieurs reprises.

Pas de réponse. C'est alors qu'il entend deux souffles rauques provenant de derrière le comptoir. Il se penche par-dessus et aperçoit une serveuse et un serveur en train de jouer au hot dog. Sans se préoccuper de savoir qui fait le pain et qui fait la frankfort, Gérard laisse le couple à ses ébats et se dirige vers les cuisines où il espère trouver un interlocuteur. Mais arrivé là, il constate avec amertume que les cuisines sont aussi désertes que l'intérieur d'un frigo somalien.

– Y'a personne ? crie Gérard.

Toujours pas de réponse. Il s'apprête à sortir lorsqu'il distingue, là aussi, deux souffles rauques provenant de sous un plan de travail. Le vendeur s'approche et découvre le chef et la femme de ménage dans une position conseillée par le Kâmâ-Sûtra et qui combine le découpage du gigot et le montage des blancs en neige. Gérard, ne s'intéressant que très peu à l'art culinaire, préfère s'éclipser et se retrouve ainsi dans l'entrée de l'hôtel attenant. Là, il tombe nez à nez avec le patron en compagnie d'une femme de chambre qu'il est en train de chevaucher sans vergogne. Décontenancé, Gérard sort de cet établissement où la fornication paraît être le lot commun. Il se retrouve dans la rue où il aperçoit, à quelques mètres, un couple de chiens en plein accouplement. Sans un mot, Gérard ramasse les deux bêtes accolées et les porte jusqu'à l'intérieur de l'hôtel-restaurant.

– Hé, Messieurs-dames, crie-t-il, excusez-moi de vous déranger en pleine action mais votre enseigne est tombée !

*

En roulant sur la nationale qui le ramène d'une tournée dans le nord-est de la France, Gérard le vendeur aperçoit une pancarte :

« Soisson, foire aux haricots ».

– Moi qui adore les haricots, se dit-il, je m'arrêterais bien. Ma femme ne m'en a jamais fait. Bien qu'elle m'ait toujours promis de me préparer le fameux cassoulet dont sa mère lui a donné la recette. Il est treize heures, j'ai faim. Bon, je m'arrête à Soisson et je me fais une ventrée de haricots.

Il gare donc sa voiture au parking de la foire où la foule se presse au milieu des flonflons, des échoppes, des cuisines roulantes, des marchands de vin et de produits régionaux.

– Approchez, approchez, crient les marchands. Venez goûter mon flageolet, venez déguster le vrai cassoulet toulousain, le lingot suisse appelé aussi « le musicien des Grisons ».

Notre vendeur n'en croit ni ses yeux, ni ses oreilles. Il se jette littéralement sur les haricots, s'en gave, s'en met jusqu'à la glotte. Après deux heures et demie de goinfrerie, il remonte en voiture et reprend la route. Hélas, au bout de dix kilomètres, quelques joyeuses flatulences l'obligent à ouvrir une vitre, puis les deux et même à conduire la tête à l'extérieur tant les effets des haricots se font impérieusement sentir. Ce n'est plus une voiture, c'est une succursale de la société des odeurs.

Après l'enfer de cette route interminable, Gérard arrive à Paris. Il fait nuit. Le vendeur a roulé lentement. On ne peut pas rouler vite avec les portes ouvertes. Il gare sa voiture près de chez lui et en sort le plus discrètement possible. Personne dans la rue.

– Tant mieux, se dit Gérard en envoyant un coup de corne cassoulesque qui rappelle, à s'y méprendre, le Klaxon d'un semi-remorque.

Il pénètre dans son immeuble, monte dans l'ascenseur, appuie sur le bouton de l'étage qu'il habite. L'ascenseur démarre. En voyant la marque du constructeur sur la paroi de la cabine, Gérard ne peut s'empêcher de penser à Otis Redding.

– Vive le jazz! se dit-il en expulsant un joli fa dièse que n'aurait pas désavoué Dizzy Gillespie lui-même.

Arrivé à son étage, il sort en vitesse de l'ascenseur et le renvoie hypocritement au rez-de-chaussée afin que personne ne sache jamais à quel étage s'est arrêté l'immonde parfumeur nocturne. Hélas, arrivé devant sa porte, le vendeur s'aperçoit qu'il a oublié ses clés. Il est obligé de sonner. Sa femme ouvre la porte et sort sur le palier en la refermant à moitié derrière elle.

– Bonsoir, mon chéri, dit-elle en l'embrassant avec malice.

– Je ne peux pas entrer? demande Gérard, qu'un gargouillement intestinal prévient de l'évacuation prochaine d'une nouvelle harmonie gazeuse.

– Pas tout de suite, répond-elle. Je t'ai préparé une surprise!

Gérard blêmit.

– Donne-moi ta cravate, continue sa femme, je vais te bander les yeux et lorsque tu seras assis à la table de la salle à manger, je t'enlèverai ton bandeau.

Gérard s'exécute et sa femme l'emmène s'asseoir à l'aveuglette dans la salle à manger. Elle saisit les deux bouts de la cravate et s'apprête à la dénouer lorsque le téléphone se met à sonner.

– Ah! qui est-ce qui vient nous déranger à cette heure-ci? grogne-t-elle. Je vais répondre, mon chéri. Tu ne touches pas à ton bandeau, je tiens à te faire découvrir ma surprise moi-même.

Elle court dans l'entrée répondre au téléphone. Pendant ce temps, Gérard souffre le martyr. Va-t-il pouvoir tenir encore longtemps? La conversation de sa femme ayant l'air de se prolonger, il en profite. Tout en s'éventant à l'aide de sa mallette, il interprète avec talent et virtuosité une valse qui aurait pu rester dans les annales. Sa femme finissant sa conversation, Gérard est obligé d'interrompre le concert.

– Tu n'as pas touché à ton bandeau? lui demande-t-elle en revenant auprès de lui.

Gérard fait non de la tête.

– Bon, à trois, je te l'enlève. Un, deux,...

La sonnerie de la porte d'entrée interrompt le compte de la dame.

– Mais c'est pas vrai, dit-elle, ils se sont donné le mot, ce soir! Je vais à la porte, mon chéri! Tu ne touches pas à ton bandeau!

– C'est la fin des haricots, se dit le vendeur qui regrette sa gourmandise.

Tandis que sa femme se retrouve en pleine discussion avec le concierge, Gérard commence sa symphonie olfactive. Heureusement, lorsque la porte se referme enfin, la dernière note du final retentit.

– Cette fois, rien ne m'empêchera de te retirer ton bandeau, mon chéri, dit la maîtresse de maison en rejoignant son mari. Attention! Un, deux, trois!

Elle enlève le bandeau, Gérard ouvre les yeux. C'est alors qu'il découvre avec horreur, autour de la table, vingt-cinq copains assis, le nez bouché, et qui chantent :

– Happy birthday to you! Happy birthday to you!...

– Donne-moi ta cravate, continue sa femme, je vais te bander les yeux et lorsque tu seras assis à ta table de la salle à manger, je t'enlèverai ton bandeau.

Gérard s'exécute et sa femme l'emmène s'asseoir à l'aveuglette dans la salle à manger. Elle saisit les deux bouts de la cravate et s'apprête à la dénouer lorsque le téléphone se met à sonner.

– Ah ! qui est-ce qui veut nous déranger à cette heure-ci ? grogne-t-elle. Je vais répondre, mon chéri. Tu ne touches pas à ton bandeau, je tiens à te faire découvrir ma surprise moi-même.

Elle court dans l'entrée répondre au téléphone. Pendant ce temps, Gérard souffre le martyre. Va-t-il pouvoir tenir encore longtemps ? La conversation de sa femme ayant l'air de se prolonger, il en profite. Tout en s'éventant à l'aide de sa mallette, il interprète avec talent et virtuosité une valse qui aurait pu rester dans les annales. Sa femme finissant sa conversation, Gérard est obligé d'interrompre le concert.

– Tu n'as pas touché à ton bandeau ? lui demande-t-elle en revenant auprès de lui.

Gérard fait non de la tête.

– Bon, à trois, je te l'enlève. Un, deux...

La sonnette de la porte d'entrée interrompt le compte de la dame.

– Mais c'est pas vrai, dit-elle, ils se sont donné le mot, ce soir ! Je vais à la porte, mon chéri ! Tu ne touches pas à ton bandeau !

– C'est la fin des haricots, se dit le vendeur qui regrette sa gourmandise.

Tandis que sa femme se retrouve en pleine discussion avec le concierge, Gérard commence sa symphonie olfactive. Heureusement, lorsque la porte se referme enfin, la dernière note du final retentit.

– Cette fois, rien ne m'empêchera de te retirer ton bandeau, mon chéri, dit la maîtresse de maison en rejoignant son mari. Attention ! Un, deux, trois !

Elle enlève le bandeau. Gérard ouvre les yeux. C'est alors qu'il découvre avec horreur, autour de la table, vingt-cinq copains assis, le nez bouché, et qui chantent :

– Happy birthday to you ! Happy birthday to you !...

LES HISTOIRES D'UN POULET

Pour passer l'oral de leur examen, les jeunes gardiens de la paix sont alignés le long du trottoir comme des hirondelles sur un fil électrique à la fin de l'été. Ils sont eux aussi à la veille d'un grand départ, celui de leur carrière de flic. Quelques-uns sont français, d'autres viennent d'Afrique, d'autres encore d'Asie. Un seul parmi eux est croate. Sur la chaussée, un motocycliste volontaire est étendu, simulant une chute.

– Je vous explique l'épreuve, dit le chef Lebouc qui contrôle l'examen. Vous avez devant vous un accident.

Un élève africain s'approche du faux blessé.

– Non, non, Monsieur. Il a toutes ses dents présentement.

– J'ai pas dit « il n'a que six dents », j'ai dit « un accident ».

Après un instant de profonde concentration, les élèves gardiens rient.

– Le but de la manœuvre, continue Lebouc, est de me faire un rapport détaillé de la situation. On va commencer par toi, Gakjozevik.

Le Croate ainsi nommé s'avance vers le corps du motocycliste.

– Nous t'écoutons, Gakjozevik.

– Alors voilà, commence le jeune flic avec une prononciation aussi tordue qu'une carrosserie de voiture un week-end de Toussaint. Le corps du motocycluste, pardon, du motocycliste est sur la rute, pardon la route.

– C'est pas assez détaillé, Gakjozevik!

Le Croate fronce les sourcils.

– Il a les jambes sur la rute, pardon, la route. Il a les bras sur la rute, pardon, la route et il a la tête sur le trottu.

– On ne dit pas le trottu, Gakjozevik, corrige le chef.

– Pardon, reprend l'autre, il a la tête sur le trottin.

– Non, ce n'est pas le trottin non plus.

– Ah oui, c'est vrai, dit Gakjozevik, c'est le cheval qui fait le trottin. Je recommence. La tête est sur le trotton.

– Non!

Le Croate réfléchit, puis, donnant un coup de pied dans la tête du motocycliste pour la déplacer, il annonce victorieusement :

– La tête est sur la route.

*

Le chef Lebouc rêve d'être un jour divisionnaire. Il passe l'examen pour être inspecteur et le réussit. Le voilà donc installé dans un bureau avec son propre téléphone [1], son armoire métallique à lui, sa machine à écrire Underwood avec les lettres qui se croisent les doigts quand on tape trop vite, sa chaise pivotante avec le Skaï déchiré qui colle en été et son portemanteau perroquet en bois ciré. Il y a fait poser une petite plaque portant la mention « Lebouc-Inspecteur », en sachant qu'un jour le mot « Inspecteur » sera remplacé par le mot « Commissaire ». « Lebouc Commissaire », sur un portemanteau, quoi de mieux pour porter le chapeau? L'inspecteur en est là de ses réflexions lorsqu'un planton lui apporte une circulaire.

1. Et non pas son téléphone propre.

– On nous signale un obsédé qui attend les enfants à la sortie des écoles, dit-il.

– Je m'en charge, gronde Lebouc, l'air grave.

Il attrape son imperméable et sort du bureau comme une tornade, tel Ajax attaquant les Troyens. Il a l'intention de faire une visite systématique de toutes les écoles à l'heure de la sortie et d'interroger tous les suspects. Devant le premier établissement scolaire de sa liste, l'inspecteur Lebouc constate la présence d'une dizaine de parents. Un individu retient pourtant son attention. Il est gros et gluant comme un fœtus d'hippopotame. Ses yeux jaunes et globuleux ne quittent pas la sortie de l'école. L'inspecteur sent qu'il touche déjà au but. Il s'approche du bonhomme à pas de loup, manœuvre particulièrement délicate pour un poulet.

– Alors, mon gaillard? lance Lebouc dans l'oreille de l'obèse.

Celui-ci, surpris, sursaute si fort que son énorme bedaine jaillit de son pantalon.

– Vous n'attendez pas un enfant, par hasard? glisse insidieusement l'inspecteur.

– Tout le monde me dit ça, répond le gros homme en se rajustant, il faut vraiment que j'arrête la bière.

*

Gertruida, la petite amie de Van de Broot, se précipite au commissariat de police. Elle est dans un état lamentable. Le visage griffé, les vêtements en lambeaux, son collant déchiré.

– Monsieur l'inspecteur, sanglote-t-elle, je viens d'être violée une fois.

– Calmez-vous, Madame, réplique Lebouc, où avez-vous été violée?

– Ici, dit-elle en montrant son intimité sous sa jupe déchirée.

– Je veux dire : à quel endroit, précise l'inspecteur.

– Ah, pardon! J'ai été violée par un homme dans sa voiture.

– Vous avez vu son visage?

– Non, je n'ai rien vu.

Gertruida se mouche en imitant le cri de la trompe de brume dans le port d'Ostende.

– Vous avez dû tout de même voir s'il avait une forte érection!

– Non, il avait une Ford Fiesta.

*

Un clochard fait les cent pas dans un grand couloir du RER. L'inspecteur Lebouc en patrouille avec deux gardiens l'accoste [1].

– Ne reste pas là! Tu troubles l'ordre public.

– *Tu la troubles, lui dit cette bête féroce*, braille le clochard qui veut prouver que La Fontaine à laquelle s'abreuve sa culture diffère de celle qui alimente sa cirrhose [2].

– Tire-toi où je t'embarque, grogne Lebouc.

– La raison du plus fort est toujours la plus forte, riposte le clochard avec une haleine de fond de barrique.

– Allez, on l'embarque.

– Non! Attendez, se défend l'ivrogne. J'ai rendez-vous avec mon copain Raymond pour mon anniversaire.

– Hé bien! tu l'attendras au poste.

A cet instant, un autre clochard arrive, en effet, des provisions plein les bras.

– Alors, Raymond, t'as vu l'heure?

– J'ai pas d'montre, fait le nouvel arrivant, et y'avait du monde à l'épicier.

Et le nommé Raymond pose devant son ami une baguette de pain et deux casiers remplis de bouteilles de vin du Glaviot, « le retour de l'estomac ».

– Mais t'es fou, Raymond, glapit l'autre, t'as les yeux plus gros que le ventre. On bouffera jamais tout ce pain!

*

1. Malgré l'absence du petit crocodile sur les uniformes des policiers.
2. Ronsard.

La jeune femme que l'inspecteur Lebouc vient d'arrêter est visiblement enceinte vu la rondeur de son ventre qu'elle tente de dissimuler sous un tee-shirt qui pourrait servir de chapiteau à un cirque de nains. Elle se tient assise, la tête baissée, l'air aussi misérable que si elle avait été engrossée par Jean Valjean.

– Ça fait quatre fois en un mois que je vous arrête pour vol à l'étalage, dit Lebouc. Cette fois, je ne peux pas fermer les yeux.

– Pardon, Monsieur l'inspecteur, pleurniche la jeune femme, je suis une victime. Vous voyez, je suis enceinte.

– Ce n'est pas une raison.

– Je veux dire, c'est pas ma faute, c'est héréditaire. Mon grand-père faisait partie du gang de Pierrot le fou. Mon père a cambriolé 24 banques et 73 bijouteries. Mon mari fait du vol à la tire et du trafic de voitures volées. J'ai un cousin qui a monté une fabrique de tee-shirts au Nicaragua avec l'argent de la ville dont il était le maire et vous voyez, le petit, là, dans mon ventre! Eh bien! ce matin, pendant ma toilette intime, il m'a volé ma savonnette.

*

Trois repris de justice viennent de s'évader en hélicoptère. Hélas, pour vaincre son trac, le pilote a fait le plein de Whisky *on the rocks*, ce qui explique le furieux hoquet sur glace qui entraîne l'hélicoptère dans un joli rodéo. Tant et si bien que les trois évadés sont brusquement désarçonnés et qu'ils tombent au cœur de la forêt de Compiègne.

L'inspecteur Lebouc est immédiatement appelé sur les lieux du drame avec la mission de retrouver les trois bandits et de les ramener dans leurs cellules. Lorsqu'il arrive à la lisière de la forêt, un garde-forestier l'attend près de sa Jeep.

– Vous êtes seul pour m'accompagner? remarque l'inspecteur avec étonnement. Vous semblez ignorer que ces trois hommes sont des brutes sanguinaires.

– Et alors, nous aussi on est trois, répond le garde, vexé. Et mon chien policier est une bête féroce et vicieuse.

– Ah bon, fait Lebouc, soulagé.

Joignant le geste à la parole, le garde ouvre alors la porte arrière de la Jeep pour libérer le fameux molosse qui n'est autre qu'un lamentable Yorkshire tout pelé. La bestiole sautille en jappant joyeusement dans les jambes de son maître.

– Doucement, « Kong », doucement, fait le guide.

– C'est ça, votre chien policier? s'étrangle Lebouc.

– Vous avez déjà capturé des bandits en forêt de Compiègne?

– Non!

– Alors, fermez-la, conclut le guide, piqué au vif.

Puis il sort de sa Jeep une minable carabine de tir forain.

– Si vous croyez que c'est avec ça que vous allez faire peur aux trois évadés! commente Lebouc.

– Vous avez déjà capturé des bandits en forêt de Compiègne?

– Non!

– Alors, fermez-la et suivez-moi, répond le garde en avançant dans la forêt.

– *Alea jacta est*, fait Lebouc, en suivant son guide d'un pas décidé [1].

Les deux hommes marchent ainsi plus d'une heure. Brusquement, le garde se fige et pointe son doigt vers la cime d'un sapin haut d'une dizaine de mètres.

– En voilà un, dit-il.

En effet, accroché tout en haut de l'arbre comme un morpion à son poil, l'un des repris de justice tâche d'éviter une chute qui pourrait lui être fatale.

– Descends de là, Borgnal, crie l'inspecteur qui l'a reconnu.

– Ta gueule, répond l'autre.

– Laissez-moi faire, dit le garde.

Suivi de son chien, il s'approche du sapin qu'il secoue

---

1. Il aurait mieux fait de dire « Quatre vingt et un rampo » pour suivre son guide d'un pas « des six dés ».

d'un bon coup d'épaule. Le choc est tellement brutal que le bandit lâche prise et tombe au pied de l'arbre.

– « Kong », attaque! hurle le garde.

Le Yorkshire bondit en grondant et mord cruellement l'évadé dans ses parties les plus intimes. Paralysé par la douleur, ce dernier laisse échapper un long cri. Stupéfait, l'inspecteur n'a plus qu'à lui passer les menottes. Non loin de là, le guide découvre le deuxième évadé qui se tient, comme le premier, accroché à la cime d'un sapin. Nouveau coup d'épaule dans l'arbre, chute du second bandit, attaque du chien et hurlement douloureux du repris de justice qui ne semble pas apprécier l'attaque brutale de sa bijouterie de famille.

– Bravo, fait Lebouc tout en passant la seconde paire de menottes au bandit.

– Vous me ferez des compliments quand nous aurons le troisième, rumine le garde. Et celui-là, ça va pas être de la tarte.

En effet, le troisième bandit est, lui aussi, accroché à la cime d'un sapin. Mais ce sapin-là mesure bien trente mètres de haut et un coup d'épaule ne secouerait pas plus son tronc énorme qu'un pet de Casque bleu n'émeut un tireur serbe.

– Prenez la carabine, fait le garde.

– Qu'est-ce que vous allez faire? demande l'inspecteur que ce changement de tactique inquiète.

– Je vais monter dans l'arbre et jeter le troisième évadé dans le vide.

– Et qu'est-ce que je fais avec la carabine?

– Si c'est moi qui tombe, dit le guide, vous tuez le chien.

LES HISTOIRES D'AGATHE MERCHEMELEAU-JINGLARD

Agathe et son amie, Marie-Hélène de Beurdèche, sont célibataires. Agathe n'a jamais osé regarder un homme en face. Ce n'est pas le cas de Marie-Hélène qui en a regardé beaucoup de très près et qui ne s'est pas arrêtée là. Ces séismes répétés à l'horizontale ont provoqué un glissement de terrain et une modification du relief qui ont été réparés par quatre liftings successifs. Marie-Hélène a maintenant la peau tellement tendue que lorsqu'elle parle, ses seins bougent au rythme de sa mâchoire inférieure.

Les deux amies ont décidé d'aller passer un long week-end aux sports d'hiver. Après une bonne journée de ski, elles se retrouvent au restaurant du « Chamois bleu » devant une appétissante marmite de fondue. Le vin de Savoie aidant, Agathe et Marie-Hélène sont bientôt rondes comme des boules de pétanque.

– Si je trouve un cochonnet, je fais une partie, s'écrie Marie-Hélène.

– Moi aussi, enchaîne Agathe qui se déchaîne.

Ce programme en tête, nos deux fêtardes sortent du restaurant pour se retrouver au « Souké Club » où Gilbert le dragueur les repère immédiatement. Quelques danses émoustillantes et quelques verres plus tard, Agathe commence à envisager une aventure nocturne avec Gilbert. Celui-ci redouble de drôlerie.

– Vous savez à quoi on voit qu'un nain a dansé la lambada ? demande-t-il finement.

– Non, font les deux coquines.

– Quand il a le front humide!

Gros éclat de rire. Soudain, la lumière baisse alors que résonnent les premières notes de l'éternel slow de Procol Harum « Whiter shade of pale », qui a fait vibrer des générations d'élastiques de slips. Profitant de son succès, Gilbert emmène sur la piste Agathe qui, étourdie de désir brûlant, s'abandonne langoureusement. Gilbert saute sur l'occasion [1], il l'embrasse à pleine bouche. C'en est trop pour sa cavalière qui tombe dans les pommes avant même d'en avoir croqué une. Inquiétude dans la boîte de nuit. Gilbert et Marie-Hélène ramènent aussitôt Agathe à l'hôtel. Ils la mettent au lit et s'en vont.

Le lendemain matin, Agathe descend au restaurant de l'hôtel pour prendre son petit déjeuner. Elle rejoint Marie-Hélène qui s'est déjà attablée devant un café léger.

– Bonjour, ma chérie, dit cette dernière. Tu nous as fait peur, hier soir.

– Pas tant que ça, répond Agathe, pincée, puisque ça ne t'a pas empêchée de bien t'amuser ensuite avec Gilbert.

– Qu'est-ce qui te fait dire ça?

– Ce matin, en ouvrant ma fenêtre, j'ai découvert que quelqu'un avait écrit la phrase *I love you* dans la neige en satisfaisant un petit besoin naturel.

Marie-Hélène éclate de rire.

– C'est cet idiot de Gilbert. Il était complètement saoul.

– A qui s'adressait cette déclaration?

– A toi, bien sûr, dit Marie-Hélène, hypocrite.

– Menteuse, fait Agathe furieuse, j'ai reconnu ton écriture.

*

1. Agathe n'a que peu roulé et c'est une première main.

Gilbert le dragueur a rappelé Agathe et il lui a donné rendez-vous pour déjeuner. A l'idée de revoir son cavalier d'une soirée, Agathe est tellement excitée qu'elle se met du rouge à lèvres sur les paupières et qu'en prenant sa voiture, elle allume ses phares au lieu de démarrer. Elle veut réparer les dégâts. Hélas, elle allume ses fards à paupières et démarre avec son rouge à lèvres. Du coup, elle se met tellement en retard que, pour rattraper le temps perdu, elle brûle un feu et plante sa voiture dans un camion qui transporte des fûts de bière. Sous le choc, les fûts tombent sur la voiture d'Agathe qui se fait également ratatiner l'arrière par une Jeep [1]. Heureusement, Agathe n'a rien mais son véhicule ressemble à une boîte de conserve tombée dans un broyeur. Elle remplit un constat à l'amiable et fait remorquer son tas de ferraille dans un garage. En voyant les dégâts, le carrossier hoche la tête.

– Pouvez-vous me réparer ça en vitesse, dit Agathe énervée, je suis très en retard.

Le carrossier pousse alors un grand soupir.

– Désolé, Madame. Ici on lave, on repasse pas.

*

Marie-Hélène entre chez Momo, son coiffeur. Agathe y est déjà, enveloppée dans un grand drap blanc qui tient plus du sac à viande que de la blouse de coiffeur. Ses cheveux sont badigeonnés de produit bleu à l'odeur d'œuf pourri et recouverts d'un sac plastique transparent. De loin, on dirait une choucroute moisie posée sur une pièce de boucherie. Marie-Hélène s'assoit à côté d'elle.

– Bonjour, ma chérie, dit-elle. Alors, quelles nouvelles ?

– J'ai revu Gilbert, dit Agathe en rougissant.

– Alors, alors ?

– On a déjeuné ensemble et comme il me raccompagnait, il m'a sauté dessus dans sa voiture. Quelle horreur.

---

1. La voiture, pas Agathe.

– Comment, quelle horreur? Il faudrait savoir ce que tu veux, ma fille, dit Marie-Hélène, étonnée, tu m'as si souvent dit que tu rêvais d'avoir un bébé.

– Oui, mais ce contact de chairs suintantes, cette haleine rauque aux relents de tabac, ces mains fébriles qui me tripotent. Ça, je ne peux pas...

– Dans ce cas-là, il ne te reste plus que l'insémination artificielle.

– Après tout, pourquoi pas?

– Si ça t'intéresse, je connais quelqu'un de très bien dans le XXe. C'est le professeur Weinschestein. Il a une méthode révolutionnaire. Voici son adresse, vas-y de ma part.

Après quelques jours de réflexion, Agathe se décide et se rend à l'adresse indiquée par Marie-Hélène. Elle erre un peu dans le quartier sordide et arrive devant un immeuble galeux. De part et d'autre, on a mis des étais pour éviter qu'il ne s'effondre. Sur la porte, une plaque à peine lisible. Professeur Weinschestein, inséminateur, 6e étage. Agathe monte l'escalier branlant; ce qui semble tout à fait normal chez un inséminateur. Arrivée au 6e, elle frappe à la porte. Des pas traînants se font entendre. La porte s'ouvre en grinçant sur un nabot immonde aux cheveux gris ébouriffés, borgne, les lèvres gercées aux commissures blanches de salive, le dos déformé par une bosse, le bras droit tordu comme une branche d'arbre mort et la démarche bancale à cause d'un pied-bot.

– Qu'est-ce que c'est? grogne-t-il avec un accent tchéco-grec.

– Bonjour, Professeur, dit Agathe en tâchant de dissimuler son dégoût. Mon amie Marie-Hélène De Beurdèche m'a donné votre adresse en me disant que vous aviez une méthode révolutionnaire pour avoir un enfant.

– Entrez, suivez-moi dans mon cabinet.

Elle suit l'ignoble nabot qui la fait entrer dans une pièce poussiéreuse sentant l'urine de chat. Tout autour, une étagère sur laquelle sont posés de grands bocaux de verre remplis de grosses boules de couleurs. Sur chaque bocal, une étiquette mentionnant ici, Alain Delon, là, Paul Newman, là encore, Robert Redford, etc.

– Ma méthode est simple, explique le professeur en

bavant comme une omelette au porridge, vous choisissez un nom sur un bocal, je vous fais avaler une des boulettes contenues dans ce bocal et neuf mois plus tard vous avez un bébé qui ressemble à l'homme dont vous avez choisi le nom.

– C'est très étonnant, fait Agathe, rêveuse, en survolant d'un œil curieux les bocaux alignés.

– Allez-y, choisissez!

– C'est-à-dire, professeur, hésite la jeune femme. Je ne sais pas. Je ne m'attendais pas...

– Choisissez, ordonne sèchement Weinschestein.

Impressionnée, Agathe tente de faire un choix parmi les bocaux. Soudain son regard s'arrête sur un nom qui semble la satisfaire.

– Alain Delon! Oh oui, dit-elle, excitée, je voudrais un petit bébé qui ressemble à Alain Delon.

Le nabot prend aussitôt un escabeau, grimpe dessus, soulève le couvercle du bocal désigné et en sort une boule jaune. Il redescend de son escabeau, comme une grenouille d'une échelle quand il va pleuvoir, et s'approche de la jeune femme.

– Voici une boule d'Alain Delon. Ouvrez la bouche et avalez!

Agathe obéit. Elle mâche et avale. Mais soudain la voilà prise d'un étourdissement.

– Oh! je me sens toute chose, dit-elle en titubant.

Et, sans un mot de plus, elle s'effondre, évanouie, sur le tapis lépreux.

L'horrible nabot ricane alors odieusement. Il va verrouiller la porte et, tout en retirant son pantalon, il éructe dans un râle :

– Je t'en ficherai, moi, des Alain Delon!

*

Agathe revient du second rendez-vous qu'elle a eu avec Gilbert. Comme elle n'a plus de voiture, elle prend le métro. Mais, au moment où elle va s'asseoir, un homme la bouscule et s'assied à sa place.

– Monsieur, dit Agathe cinglante, vous pourriez être

galant et me laisser votre place tout de même. Vous ne voyez pas que je suis enceinte?

– Vous êtes enceinte, ricane le goujat, et de combien?

– D'un quart d'heure, riposte Agathe, mais croyez-moi, ça vous coupe les jambes!

*

Marie-Hélène a invité Agathe à prendre un thé chez Angélina.

– Gilbert est revenu à la charge, lui confie Agathe.

– Raconte! fait Marie-Hélène, excitée.

– Il m'a invitée à dîner, hier soir. Cette fois, il a bien calculé son coup. Il a réussi à mettre à mon insu un puissant aphrodisiaque dans la choucroute. Au début, je ne me suis doutée de rien. J'ai juste été un peu surprise de voir les francforts se dresser toutes seules dans le plat. Et puis, tout d'un coup, Gilbert m'a sauté dessus comme une bête. Mais, contrairement à la première fois, je n'ai pas trouvé ça désagréable du tout. J'en ai même redemandé.

– Hé bien, hé bien, fait Marie-Hélène, le souffle coupé.

– On a fait ça quatre fois sur la table, deux fois dans l'entrée et trois fois devant la porte.

– Tu en as de la chance...

– Oui, mais on ne pourra plus jamais remettre les pieds dans ce restaurant!

*

Un mois plus tard, Gilbert et Agathe se marient. Ils semblent très amoureux l'un de l'autre. Cependant Marie-Hélène, qui connaît bien son amie, semble discerner en elle un peu de lassitude. Comme celle-ci l'a invitée à visiter son appartement, elle en profite pour l'interroger.

– Comment ça va, avec Gilbert?

– Bien, très bien, dit Agathe.

– Il t'aime?

– C'est pire que ça. Il est tellement obsédé que j'ai parfois l'impression de passer mes nuits avec un marteau-piqueur.

– Veinarde! jette Marie-Hélène, admirative.
A cet instant, elle aperçoit par la fenêtre Gilbert qui arrive avec une énorme gerbe de fleurs dans les bras.
– Regarde, dit-elle à son amie, cet homme est une pièce rare. Il t'apporte des fleurs en rentrant du bureau. C'est une preuve d'amour et de tendresse.
– Des fleurs, fait Agathe blasée, je sais ce que ça veut dire. Il va encore falloir que j'écarte les jambes.
– Pourquoi, s'étonne alors Marie-Hélène, tu n'as pas de vase?

*

Gilbert arrive en trombe à la luxueuse clinique du Réverbère car Agathe vient d'accoucher. Il entre, les bras chargés de roses, dans la chambre où sa femme se repose. Près d'elle se trouve un berceau recouvert d'un joli voile de tulle bleu.
– C'est un garçon, dit fièrement Agathe.
– Un garçon? C'est merveilleux, s'extasie Gilbert.
– Si tu le regardes, tu ne vas peut-être pas le trouver si merveilleux, attends-toi à avoir un choc, dit Agathe en souriant jaune.
Gilbert, inquiet, se penche sur le berceau. Il découvre alors avec stupéfaction que son enfant est de toutes les couleurs. Il a des cheveux blonds d'un côté, des cheveux bruns de l'autre, des jambes noires, un visage asiatique et des bras café au lait.
– Mais c'est pas un bébé, s'exclame Gilbert, c'est un patchwork.
– Je ne sais pas ce qui s'est passé, dit Agathe désolée.
Gilbert réfléchit.
– Bon sang, mais c'est bien sûr, s'écrie-t-il au bout de cinq minutes, je sais d'où ça vient. Il y a neuf mois, tu te rappelles, ma chérie, nous avons participé à une partouze chez les Duglaisys-Varchemeleux.
– Tu as raison, fait Agathe qui réalise soudain l'origine des couleurs de son fils.

– Évidemment, pas un de ces messieurs n'est venu te voir? fait Gilbert pincé.

– Non, bien sûr, dit Agathe résignée.

Et brusquement, elle panique.

– Pourvu qu'il n'aboie pas.

LES HISTOIRES DE TOURISTES

Marie-Hélène de Beurdèche est « Tour-opérator ». Elle est chargée de convoyer les touristes dans le monde entier. A Noël, son agence organise à Namur, en Belgique, une messe de minuit chantée par les chœurs de l'Opéra de Bruges. Marie-Hélène accueille les spectateurs inscrits à l'entrée de l'église. Parmi eux, le couple Van de Broot, qui vient accompagné d'un bébé.

– Je ne sais pas si vous pouvez assister à la messe avec le petit, leur dit Marie-Hélène. Il risque de faire du bruit.

– Oh non, répond Gertruida Van de Broot, elle ne crie jamais, elle ne babille pas, elle est très sage.

– C'est une fille? demande Marie-Hélène.

– Oui.

– Montre-la-lui, dit Van de Broot à sa femme.

Fière de son rejeton, Gertruida soulève un peu la couverture qui emmaillote le bébé.

– Qu'elle est mignonne! s'extasie Marie-Hélène. Comment s'appelle-t-elle?

– Ça, on ne sait pas, répond Van de Broot, elle ne parle pas encore.

– Mais elle a l'air grande pourtant, enchaîne Marie-Hélène.
– Ce n'est rien à côté de son frère que j'ai eu avant, dit Gertruida. Il est beaucoup plus fort parce que je l'ai nourri au sein.
– J'espère que vous n'allez pas nourrir la petite de la même manière pendant la messe, s'inquiète Marie-Hélène.
– Ça ne risque pas, je la nourris au biberon. D'ailleurs, je ne saurais continuer à allaiter mes enfants au sein.
– Pourquoi?
– Parce que ça fait trop mal quand on fait bouillir les tétines.

*

Lorsque tous les spectateurs sont installés dans l'église, le chef d'orchestre entre d'un côté, le curé de l'autre. Le chef lève sa baguette, le curé lève les bras, les choristes prennent leurs partitions. Tout le monde retient son souffle sauf le bœuf et l'âne dans la crèche, car l'enfant Jésus aurait froid. Le chef lance la chorale.
– Léon, Léon, Léon, chantent les choristes.
Inquiétude dans l'assistance. Le chef d'orchestre baisse les bras, les choristes se taisent.
– On recommence, dit le chef, mais, cette fois, prenez vos partitions à l'endroit.

*

Archibald et Marmaduke sont anglais. Ils ont décidé de revenir en France pour faire du golf. Pour cela, ils ont demandé à Marie-Hélène d'organiser leur séjour.
– Nous voudrions avoir le même caddie que l'année dernière, dit Marmaduke.
– Comment s'appelait-il? demande Marie-Hélène.
– Je ne me le rappelle plus.
– Il avait un signe particulier, dit Archibald. Il avait deux anus.

– Deux anus! s'étrangle Marie-Hélène.
– Comment tu sais ça? s'étonne son compatriote.
– Je me rappelle très précisément qu'à chaque fin de parcours, nous entrions en compagnie de ce caddie dans le club-house, et ses collègues disaient de lui : « Tiens, voilà machin avec ses deux trous du cul. »

*

Archibald a laissé tomber Marmaduke pour une journée afin d'aller voir son cousin Gilbert.
– Es-tu marié? lui demande Archibald.
– Oui! répond Gilbert. Mais ça n'empêche pas de draguer les gonzesses.
– Comment fais-tu? J'aimerais moi aussi faire la cour à une petite Française.
– Viens avec moi, je vais te montrer.
Gilbert emmène Archibald en voiture.
– Cache-toi à l'arrière et écoute. Tu vas voir travailler un pro.
L'Anglais s'allonge à l'arrière, sur le plancher de la voiture. Gilbert démarre. Au bout de quelques minutes, il ralentit.
– Ça y est, j'en tiens une. C'est une auto-stoppeuse. Je crois pas qu'elle soit française mais elle a l'air bonne.
Gilbert s'arrête et ouvre sa porte à une jeune Danoise blonde et bronzée qui s'assoit sur le siège avant.
– Vous allez où? lui demande gentiment le Français.
– Je reviens de faire courses, dit la blondinette, je veux aller camping là-bas.
Gilbert démarre. Allongé à l'arrière, l'Anglais essaie de contenir la nausée qui le prend à cause des virages. Heureusement, la voiture s'arrête bientôt.
– Pourquoi arrêter dans forêt? demande l'innocente Danoise.
– Pour faire un petit câlin pan-pan, dit le Français plein de poésie.
– No, no, pas câlin pan-pan. Je pas vouloir.
– Tu veux pas, salope, braille Gilbert, hé ben, tu rentreras à pied.

Il ouvre la porte du côté de sa passagère et la pousse dehors sans ménagement. Puis il démarre sur les chapeaux de roues.

– Well! Tu as été quelque peu brutal, n'est-il pas? déclare Archibald en se relevant avec peine.

– C'est comme ça qu'il faut faire, dit Gilbert en gonflant le torse. Si elles veulent pas, elles rentrent à pied. Et pis, c'est tout.

Fort de cette expérience, Archibald loue un tandem le lendemain. Pour être sûr de remporter un succès, il invite Marie-Hélène à l'essayer en sa compagnie. Celle-ci flattée accepte sans hésitation. En short sur le tandem, voilà nos deux héros qui traversent la forêt en pédalant de conserve.

– Ce bois est magnifique, lance joyeusement Marie-Hélène.

– N'est-il pas, répond l'Anglais qui freine doucement pour s'arrêter au même endroit que son cousin, la veille.

– Pourquoi vous arrêtez-vous? demande la Française.

– Parce que j'ai une proposition à vous faire, chère Mademoiselle.

– Une proposition?

– Cela va vous sembler abrupt, enchaîne Archibald. Voulez-vous faire l'amour avec moi dans cette forêt, là, maintenant?

Marie-Hélène rougit et glousse.

– Pourquoi pas? répond-elle.

– Ah bon, fait Archibald en descendant de tandem. Dans ce cas, c'est moi qui rentre à pied.

*

Pour se remettre de ses émotions, Marie-Hélène décide de partir en Afrique pour convoyer quelques touristes amoureux de safaris. Arrivée dans la réserve, elle se rend compte qu'il n'y a plus un seul guide. Il va falloir en recruter dans la population locale. Pour cela, Marie-Hélène organise un concours. Tandis qu'elle interroge le premier candidat, les autres s'assemblent dans la salle d'attente du safari-club. Quelques minutes plus tard, le premier reçu sort, ravi.

– Je suis engagé, je suis engagé!

– Tu en as de la chance, répondent ses camarades envieux.

– C'est drôlement facile. La blanche, elle m'a posé une question bête : qu'est-ce qui a quatre pattes et qui a une trompe et des défenses? Alors j'ai demandé : « Est-ce que ça a une grande zibounette? » Elle m'a répondu : « Ça peut arriver! » Alors j'ai dit : « C'est un éléphant! » C'était la bonne réponse. Alors j'ai été engagé. Vous voyez bien que c'est facile.

A cet instant, la porte de la salle s'ouvre. Marie-Hélène apparaît.

– Au suivant, dit-elle.

Un second candidat entre. En s'approchant du bureau derrière lequel la Française va s'asseoir, il se frotte les mains d'avance.

– Bonjour, Monsieur, dit Marie-Hélène. Vous avez compris le principe de l'épreuve.

– Oui, Madame!

– Alors voici la question. Qu'est-ce qui a un canon, une crosse et qui fait « pan » quand on appuie sur la gâchette?

– Est-ce que ça a une grande zibounette?

– Non, répond Marie-Hélène, étonnée.

– Alors, c'est une éléphante.

*

Pour accueillir des réfugiés somaliens et les nourrir pendant leur séjour en France, Marie-Hélène a organisé une kermesse. Elle bénéficie d'une bonne expérience en la matière puisque l'année précédente, pour les enfants d'immigrés des quartiers pauvres, elle avait monté avec succès « les Restaus du beurre ». Comme précédemment, tout le quartier s'y est mis et le dimanche prévu la kermesse pro-somalienne ouvre ses portes. Il y a des baraques de tir, un mât de cocagne, des marchands de pralines et de barbes-à-papa. Les Français sont venus si nombreux que Marie-Hélène envisage déjà d'acheter également des vêtements et des médicaments. Satisfaite de l'ambiance qui règne, elle circule au milieu de la foule.

Les Somaliens qui sont là semblent avoir retrouvé leur joie de vivre. L'un d'eux, légèrement grisé par l'alcool, tire à la carabine dans un stand.

– Pan, pan! Et un milicien en moins, braille-t-il.

– Bravo, Monsieur, fait le forain. Vous avez gagné le premier prix.

Ce disant, il lui donne une grosse tortue. Tout heureux, le Somalien part avec la bestiole dont les pattes battent mollement dans le vide.

– Approchez, approchez, crie le forain. Tiens, madame de Beurdèche, venez vous essayer à la carabine.

Marie-Hélène rit et prend une arme. Pour la taquiner, le forain se cache derrière sa caisse. Soudain, le Somalien revient.

– Est-ce que je peux tirer avec vous? demande-t-il à Marie-Hélène.

– A la carabine, oui, répond celle-ci, coquine.

Et voilà le Somalien et la Française engagés dans un concours de tir.

– Vous avez encore gagné! s'exclame le forain.

Il va décrocher une poupée qu'il pose devant l'homme. Ce dernier, visiblement déçu, retourne la poupée dans tous les sens.

– Je m'excuse, j'ai encore faim, dit-il alors au forain. Je peux pas gagner un sandwich comme tout à l'heure?

*

A l'occasion du salon de l'Auto, Marie-Hélène reçoit tout un groupe de touristes suisses. L'un d'eux tourne autour d'une Lamborghini Diablo dont les formes à la fois séduisantes et agressives laissent supposer qu'elle doit dévorer les kilomètres aussi vite que les points du permis. Un vendeur a repéré le touriste qui s'est assis derrière le volant.

– Vous désirez un renseignement, Monsieur?

Le Suisse cherche une question à poser.

– C'est puissant comme voiture? finit-il par dire.

– 492 chevaux à 7 000 tours. On peut monter à plus de 300.

– A plus de 300 là-dedans, fait le Suisse incrédule, on doit être un peu serrés...

*

Debout dans le car panoramique, Marie-Hélène fait visiter la capitale à ses touristes suisses. Elle traduit au micro le poème que Ramsès II fit graver sur l'obélisque de la Concorde. Poème composé en souvenir d'une aventure amoureuse qui ravagea son âme au Caire [1]. Albert Spätzlii, qui se trouve parmi les touristes, se lève soudain, un petit sac en papier à la main.

– Je voudrais m'arrêter à la droguerie là-bas, dit-il en montrant une petite boutique.

– Ça ne peut pas attendre? fait Marie-Hélène, contrariée.

– Non, parce que c'est là que je les ai achetées hier.

– Quoi donc?

– Mes boules de naphtaline, répond le Suisse en montrant son sac.

– Pourquoi, il y a des mites à l'hôtel?

– Oui, plein, dit Spätzlii. C'est pour ça que je voudrais changer ces boules de naphtaline-là contre des boules plus grosses, parce qu'avec celles-là j'arrive pas bien à viser les mites.

*

Pour faire plaisir à son groupe suisse, Marie-Hélène a imaginé une excursion sur le Puy-de-Dôme. Équipé de sac à dos, de shorts tyroliens et de grosses chaussures, tout ce petit monde grimpe à la queue leu-leu le long de la route qui se tortille sur les pentes du vieux volcan. Soudain, le bruit d'une 2 CV se fait entendre.

– Marchez sur le talus, crie Marie-Hélène pour que ses touristes ne se fassent pas tailler un slip, vu qu'ils sont déjà en short.

---

1. D'où la fameuse chanson intitulée: « Ravageat l'âme au Caire. »

Une 2 CV bleu ciel apparaît. Elle est en train d'escalader la route en marche arrière, comme un gros scarabée ivre. Surprise, Marie-Hélène fait signe au chauffeur de s'arrêter. Elle reconnaît alors Van de Broot au volant, Gertruida à côté de lui et la marmaille couinante à l'arrière.

– Madame de Beurdèche, s'écrie Van de Broot, ça, c'est une surprise, savez-vous!

– Bonjour, chers amis, dit la Française. Pardonnez mon indiscrétion mais j'aimerais savoir pourquoi vous montez la côte à reculons.

– C'est très simple, dit Van de Broot, on nous a dit qu'en haut il est impossible de faire demi-tour. Alors je monte en marche arrière pour pouvoir redescendre en marche avant.

– Ça, par exemple, je n'y aurais pas pensé.

– Nous, on y aurait pensé, glisse Spätzlii en passant.

– Vous avez tout à fait raison, conclut Marie-Hélène. Alors, bonne route, et peut-être à tout à l'heure.

La 2 CV repart à reculons vers le sommet du Puy. Un quart d'heure plus tard, le bruit de la voiture de Van de Broot se fait entendre à nouveau; dans le sens de la descente cette fois. Marie-Hélène voit alors avec surprise qu'elle descend à reculons. Elle fait signe à Van de Broot de s'arrêter. Avant même qu'elle ouvre la bouche, celui-ci a ouvert sa vitre.

– Vous autres, Français, on ne peut pas vous faire confiance, lance-t-il, contrarié. Là-haut, on pouvait parfaitement faire demi-tour.

*

Les touristes sont tous arrivés au sommet du Puy-de-Dôme. Marie-Hélène s'est assise sur un banc pour ne pas être emportée par le vent qui souffle sur le volcan comme si c'était son gâteau d'anniversaire. Elle contemple le panorama extraordinaire qui s'étale sous ses yeux.

– Moi, je trouve que ce Belge avait raison, lui dit alors Albert Spätzlii.

– De faire demi-tour?

– Non, de dire qu'on ne peut pas faire confiance aux Français.

– Je vous remercie, répond Marie-Hélène, vexée.

– Ce n'est pas pour vous que je dis ça. Mais avouez que vos compatriotes ont trop tendance à croire que parce qu'il y a un B sur les voitures belges, ça veut dire « Bécasse » et qu'un H sur les voitures suisses, ça signifie « Hidiot. »

A cet instant, un gardien s'approche du banc où est assise Marie-Hélène.

– Madame, dit-il, il ne faut pas vous asseoir ici. Ce banc vient d'être repeint.

– Comment? dit Marie-Hélène, qui n'a pas entendu à cause du vent.

– En vert, répond le gardien.

Les Suisses hurlent de rire.

– On se sent moins seuls!

Ils se déchaînent alors en se racontant des histoires sur les Français.

– Tu sais comment faire fortune en France? demande Spâtzlii.

– Non!

– En achetant un Français le prix qu'il coûte et en le revendant le prix qu'il croit valoir.

– Et pourquoi y a-t-il des platanes sur les Champs-Élysées? lance un autre.

– Je sais pas!

– Pour que les troupes allemandes puissent défiler à l'ombre.

Un troisième Suisse, qui pleure de rire à l'avance, intervient.

– Et quand on a envie d'aller aux toilettes en France, pourquoi faut-il chercher dix WC?

– Parce qu'il faut bien en visiter dix avant d'en trouver un de propre, répond un quatrième qui la connaissait...

Marie-Hélène rit jaune.

– Vous serez punis un jour, dit-elle, pincée, vous irez en enfer.

– L'enfer français ou l'enfer suisse? interroge Spâtzlii.

Un silence s'installe parmi les touristes qui réfléchissent.

– Qu'est-ce qu'il y a dans l'enfer français? demande Marie-Hélène, qui s'attend au pire.

– Il y a des diables qui vous attrapent avec des fourches et qui vous jettent dans du vomi d'huîtres hépatiques brûlant.

– Et dans l'enfer suisse? demande un touriste.

– Il y a des diables qui t'attrapent avec des fourches et qui vous jettent dans du vomi d'huîtres hépatiques brûlant.

– Mais c'est pareil!

– Oui, mais il vaut mieux choisir quand même l'enfer français.

– Pourquoi?

– Parce qu'un jour les fourches y sont en panne, un autre les diables font grève et le jour suivant, on n'a pas livré le vomi d'huîtres.

LES HISTOIRES D'AVION

Van de Broot a décidé de partir en vacances au soleil avec Gertruida. Arrivés à l'aéroport, ils enregistrent leurs bagages ainsi que le matériel de bronzage de Gertruida, comprenant un jerricane d'écran total et un rouleau pour l'étaler. Puis ils montent dans l'avion. La jeune Flamande s'assoit près d'un hublot.

– Je n'ai jamais pris l'avion, dit-elle, toute excitée.

– C'est très étonnant, la première fois, répond Van de Broot. Tu verras, en regardant par le hublot, tout est si petit vu de haut.

Gertruida, pas très rassurée, se tourne alors vers le hublot.

– Tu as raison, mon chéri, dit-elle, émerveillée. C'est minuscule. Les voitures, on dirait des fourmis.

Van de Broot se penche lui aussi pour regarder par le hublot.

– Ce sont vraiment des fourmis, dit-il gentiment. On n'a pas encore décollé.

*

Pour aller voir un match de football en province, Haziz prend l'avion. Malheureusement pour lui, la seule place libre se trouve entre deux garçons portant blousons de cuir et para-boots aussi luisantes que leurs crânes rasés, ce qui laisse supposer qu'ils appartiennent à la race des saigneurs. Haziz s'assoit, pas très rassuré par les deux *skin heads* qui le regardent avec l'affection qu'éprouvent deux mygales schizophrènes pour un mulot rachitique.

– Hé, sale bicot, commence l'un des deux *skins*, va me chercher une bière.

Et de cracher à la figure du pauvre Haziz qui n'en mène pas large.

– Alors, t'y vas ou tu veux que je te transforme la tronche en plat de rillettes, gronde le second *skin*.

En ravalant sa colère, Haziz se lève et revient quelques minutes plus tard avec un verre de bière qu'il donne au premier tondu. A peine s'est-il assis que le second nazillon lui crache également à la figure.

– Et moi ? Faut que j'aille me la chercher moi-même, ma mousse, sale raton ?

Toujours sans rien dire, Haziz se lève et revient quelques minutes plus tard avec un second verre de bière qu'il tend à son deuxième agresseur. Les deux *skin heads* rient grassement, trinquent et boivent.

– A votre santé, leur glisse Haziz. Bon, les gars, vous ne m'aimez pas, d'accord. Moi non plus, je vous le dis tout de suite. Seulement, on n'a qu'une heure à passer ensemble. Alors je vous propose d'arrêter de me cracher dessus pour que j'aille vous chercher à boire, comme ça je serai pas obligé à chaque fois de pisser dans vos verres.

*

C'est la fête dans le cockpit du 747. Le champagne coule dans les coupes que l'une des hôtesses vient de remplir en l'honneur du dernier vol du commandant Pigeon.

– Une fois arrivé à New York, on va se cotiser et te

faire un joli cadeau, lui dit amicalement le copilote. Qu'est-ce qui te ferait plaisir?

– Un looping, répond le commandant. Pour mon dernier vol, je veux faire un looping.

– Pas avec un 747, voyons! s'insurge le copilote.

– Si, si, je veux faire un looping, insiste le commandant Pigeon.

L'équipage se regarde avec inquiétude.

– Faites pas cette tête-là, j'ai l'habitude, ajoute-t-il.

– Pas nous, fait l'hôtesse.

Comme s'il n'avait pas entendu, Pigeon cramponne les commandes.

– Allez prévenir les passagers, ordonne-t-il.

L'hôtesse se précipite au-devant des voyageurs. Elle a les paumes tellement moites d'angoisse que le micro lui glisse entre les mains comme une savonnette. Elle le rattrape in extremis.

– Mesdames et messieurs les passagers, attachez vos ceintures. Pour son dernier vol, le commandant Pigeon a décidé de faire un looping.

De véhémentes protestations s'élèvent qui ont autant d'effet sur le commandant qu'un pipi de mouche sur les chutes du Zambèze. Il tire sur ses commandes, le gros appareil se cabre, vibre comme un gigantesque mixeur, se retourne lourdement et reprend enfin sa position initiale. Le teint des passagers a viré au vert pistache. Ils reprennent lentement des couleurs, certains applaudissent et quelques-uns osent même en redemander.

– Pas de problème, jubile le commandant Pigeon, ravi de ce succès inattendu. Il cramponne à nouveau les commandes et fait un autre looping, encore plus réussi que le premier. Applaudissements enthousiastes des passagers.

– Un tonneau, un tonneau! réclame-t-on d'enthousiasme.

– Le tonneau, dit le commandant en vidant une quatrième coupe, c'est ma spécialité!

Et, d'une main sûre, il retourne le 747.

– Tout le monde est content? demande le commandant Pigeon à l'hôtesse qui le rejoint.

– Tous les passagers, sauf un, répond-elle.

– Qui ça?
– Le type qui était dans les toilettes.

*

Pour se changer des voyages de routine que son métier d'ingénieur commercial l'amène à faire, Gérard a décidé de partir en vacances très loin, aux Indes. Il s'est même payé un billet de première classe avec ses économies. Malheureusement, il y a tellement de circulation sur l'autoroute qui le conduit à l'aéroport qu'il arrive juste avant la clôture de l'enregistrement. Une belle hôtesse à la peau cuivrée prend son billet.

– Désolé, Monsieur, lui dit-elle, nous allons être obligés de vous déclasser. Il n'y a plus de place en première car nous avons donné la vôtre à un passager de la liste d'attente.

– Tant pis, répond Gérard, faisant contre mauvaise fortune bon cœur.

Il monte dans l'avion de la compagnie indienne. Apercevant la cabine des premières à travers un rideau de soie brodée, il s'arrête pour lui jeter un regard furtif. D'adorables hôtesses en sari transparent servent des mets fins de cuisine indienne aux passagers étendus sur de riches sofas. Des musiciens, vêtus de jaquettes en taffetas doré, jouent avec passion l'enivrante musique de Raavi Shankar. Gérard n'a pas le temps de s'extasier davantage. Un stewart habillé de cuir le pousse rudement vers l'autre côté de l'appareil.

– La classe touriste, c'est par ici, sahib, dit-il.

La partie de l'appareil dans laquelle Gérard vient de pénétrer n'a rien d'accueillant. Les voyageurs sont assis à même le sol en métal. Ça sent la sueur, le tabac froid et la crasse. Des enfants braillent, des chiens aboient, ça grouille de blattes immondes. Le stewart se fraye un chemin à coups de pied.

– Accrochez-vous les uns aux autres, braille-t-il. On va décoller.

Gérard va s'asseoir sur le seul siège mis à sa disposition.

L'avion décolle et le voyage se déroule sans encombre. Après quelques heures de vol très inconfortable, Gérard entend la dure voix du stewart aboyer dans un haut-parleur nasillard.

– Nous venons d'arriver à Bombay. Mesdames et Messieurs les passagers de la classe touriste sont priés de descendre.

Pressés de s'échapper de cet enfer, les passagers se jettent dans le couloir qui conduit à la porte située à l'arrière de l'appareil. Gérard, qui a pris l'habitude de descendre en dernier, se retrouve bientôt seul. Il ramasse lentement sa veste et se lève. La douce voix de l'hôtesse se fait alors entendre.

– Mesdames et Messieurs les passagers de première classe, attachez vos ceintures, nous allons atterrir dans quelques instants.

*

Le commandant Pigeon a pris enfin sa retraite. De retour dans sa famille, on le fête comme un roi. Tout le monde est réuni autour de lui, ce dimanche-là, pour l'entendre raconter ses aventures. La vieille grand-mère, plus que centenaire et complètement sourde, a bien du mal à le suivre.

– Quand j'étais en Afrique dans les années soixante, on avait un vieux Dakota qui vibrait de partout, raconte le commandant. Pour piloter ça, il fallait que je sois complètement timbré.

– Qu'est-ce qu'il dit? demande la mémé.

– Il dit qu'il était timbré, lui crie l'oncle José dans l'oreille.

– Les passagers avaient tellement la trouille que, même après l'atterrissage, ils refusaient de détacher leurs ceintures.

– Qu'est-ce qu'il dit? réclame la mémé.

– Il dit qu'ils ne voulaient pas se détacher, répète José, plus fort.

– Mais là où j'avais surtout peur, c'était au décollage. L'appareil était tellement lourd, on avait un mal de chien à décoller.

– Qu'est-ce qu'il dit? répète la mémé.
– Il dit qu'il n'arrivait pas à décoller, crie José.
La grand-mère cramponne alors le bras du commandant :
– Dis, est-ce que tu as essayé avec de l'eau chaude?

LES HISTOIRES DE LA FOURMI MAMBALA

Le président Gouroundi est très ennuyé car le général Assambo Yassah a pris le maquis au Boun'dala avec une bande de rebelles dans le but de renverser le régime. Il appelle notre président à la rescousse.

– Allô, François, il faut que tu m'envoies des légionnaires pour me défendre car Assambo Yassah veut me faire la peau.

– Comment? Le général en chef de ta propre armée? Que s'est-il passé? demande notre président.

– Tout a commencé par un incident banal. Pour conduire les autobus dans mon pays, j'ai eu l'idée de faire venir des Blancs d'Afrique du Sud car nos conducteurs se sont tous fait retirer leur permis pour dépassement de l'ivresse limité à douze degrés cinq en agglomération.

– Ce n'est pas très malin, Gouroundi. Tu sais pourtant que les Blancs d'Afrique du Sud sont très racistes.

– Justement, c'est pour ça qu'Assambo m'en veut, enchaîne le président africain. Tout a commencé parce qu'un jour il est parti de chez lui en retard, sans avoir eu le temps d'aller aux toilettes. Il arrive donc à l'arrêt du bus essoufflé alors que sa grosse envie devient présentement de plus en plus pressante. N'y tenant plus, Assambo regarde autour de lui. Il est seul. Avant que le bus suivant n'arrive, il se déculotte et fait sa grosse commission sur le trottoir.

– Et pas une seule moto-crotte à l'horizon!

– Tu l'as dit! A ce moment précis, continue Gouroundi, le bus arrive. Assambo Yassah n'a pas le temps de faire disparaître son gros besoin dans le caniveau. Il se reculotte rapidement. Le bus s'arrête à sa hauteur. La porte s'ouvre, il monte mais le chauffeur blanc ne redémarre pas et laisse la porte ouverte. Assambo, furieux, lui demande de partir. C'est alors que le chauffeur blanc fait la gaffe. Il lui montre ce qu'il a laissé sur le trottoir, en disant : « Et le petit, il monte pas? »

*

Pour essayer d'y voir plus clair dans les événements qui secouent ce petit pays d'Afrique, notre président rend visite au président Gouroundi. Celui-ci l'accueille chaleureusement à sa descente d'avion.

– Coucou, François! je suis joli content beaucoup de t'accueillir dans mon pays présentement. C'est une occasion pour moi de te rendre l'accueil que tu m'as fait, chez toi, quand je suis venu là-bas dedans ton pays l'année dernière. On a bien rigolé. Je me souviens, on a bloqué tout le quartier des Champs-Elysées. Quelle pagaille. Moi, je ferais ça dans mon pays, ils me couperaient le bangala. Et puis, tu m'as fait visiter ton village natal avec la termitière de Solutré.

– Mais voyons, Gouroundi, corrige le président français, ce n'est pas une termitière.

– Mais si, mais si, insiste l'autre, les gens de ton village, ils m'ont dit que dessus, tous les ans, il y a un termite errant qui monte et qui descend. Alors moi, je vais te faire visiter mon village natal avec la fourmilière des fourmis mambala. Et puis, on ira visiter la réserve des animaux.

Les deux hommes d'État montent dans la grande limousine noire qui porte sur les ailes les petits drapeaux frappés de la saucisse orange sur fond de chou, en souvenir des études que Gouroundi a faites à Strasbourg.

– Ah! Que c'est beau, l'Afrique, commente notre président.

– Tu sais, les animaux de la réserve vont être contents de te voir. Ils te connaissent bien. J'ai mis des photos de toi sur tous les baobabs. Ils t'aiment beaucoup.

– Ah! Et ils ont le droit de vote chez toi, les animaux?

La question reste sans réponse car le cortège présidentiel arrive à cet instant devant la réserve. Les deux hommes d'État partent seuls en promenade. Gouroundi présente quelques girafes à François. Plus loin, François salue une bande de hyènes en japonais [1]. Mais, au bout de cinq heures de visite, notre président commence à sentir une envie pressante lui monter à la gorge.

– Cher ami Gouroundi, dit-il à son hôte, serait-il possible de faire un petit pipi dans un coin tranquille?

– Oui, oui, pas de problème. Allons de conserve au bord de la rivière.

– Mais non, pas au bord de la rivière, proteste le président français, un peu d'intimité, que diable!

– Mais si, insiste l'autre, c'est la nature. Et puis, on est entre copains.

Et le voilà qui entraîne notre président au bord de l'eau.

– Vas-y, François, dit Gouroundi en déboutonnant sa braguette. Sois décontracté.

Le Français, gêné, s'éloigne de quelques mètres et déboutonne à contrecœur sa braguette. Diplomatie oblige. Zibounettes en main, nos deux hommes d'État sifflotent d'un air détaché.

– Ça ne vient pas, constate alors le président français, contrarié.

Il essaie de trouver un sujet de conversation pour détendre l'atmosphère.

– Heu, Gouroundi, lance-t-il d'un air jovial, tu ne trouves pas que le fond de l'air est frais?

L'autre, toujours dans la même posture au bord de la rivière, lui répond alors du tac au tac.

– Oui, le fond de l'eau aussi.

*

1. Il a dû confondre avec la monnaie nippone.

Trois journalistes viennent d'être capturés par un commando des rebelles africains du général Assambo Yassah. Ils se retrouvent attachés à un baobab en pleine brousse, au milieu d'une troupe hurlante de deux cents Noirs hystériques. Le général, un gros homme suintant vêtu d'un short kaki et d'une veste léopard aux motifs signés Tourista, s'approche du premier journaliste. Soufflant sur lui de son haleine de buffle, il martèle ces mots :

– Tu choisis la mort ou « Tchi-Tchi », présentement ?

L'autre hésite.

– Euh,... La mort, je connais, Tchi-Tchi, je ne connais pas. Va pour Tchi-Tchi !

Assambo Yassah se tourne vers son armée de sauvages.

– Il a dit « Tchi-Tchi » ! hurle-t-il.

Une clameur déchaînée lui répond. Aussitôt les Noirs détachent le journaliste terrifié et le violent à tour de rôle. Au bout d'une heure et demie de cet épouvantable supplice, le général se tourne vers le deuxième journaliste.

– Et toi, que choisis-tu ? La mort ou « Tchi-Tchi » ?

– Ces types doivent être crevés après une heure de coït, pense-t-il, ça va être moins dur. Je choisis « Tchi-Tchi ».

Le gros général se tourne à nouveau vers son armée.

– Il a dit « Tchi-Tchi » !

Deux cents voix glapissent de joie. On détache le deuxième journaliste. Les Noirs encore plus excités lui sautent dessus et le violent pendant deux heures.

Assambo Yassah arrive près du troisième :

– A toi, maintenant. La mort ou « Tchi-Tchi » ?

– Pas de Tchi-Tchi, moi j'ai compris, dit le troisième... Je choisis la mort.

Le gros général suintant se tourne alors vers sa troupe et hurle :

– Il a dit « la mort » !

Et les noirs hyper excités de répondre :

– La mort d'accord mais, avant, « Tchi-Tchi ».

*

Pour rechercher les trois journalistes disparus, le haut commandement du corps expéditionnaire français, qui soutient le régime du président Gouroundi, a décidé d'envoyer un commando de trois légionnaires dans la brousse. L'adjudant Buzard les désigne lui-même.

– Soldat Swartzhamburger, soldat Van Maneken et soldat Ahmed, sortez des rangs.

– Oui, chef, répondent-ils tous les trois d'un seul élan [1].

– Vous allez me retrouver ces trois gugus et me casser quelques bamboulas au passage. Mais attention, outre les rebelles il y a dans la région une tribu de salopards de sauvages particulièrement cruels. On les appelle « la tribu des canoës » parce que, s'ils vous capturent, ils vous dépècent en deux coups négro, ils tendent votre peau sur des arceaux de bois, puis ils en font des canoës qu'ils essaient tout de suite sur leur rivière. Alors, bonne chance, les petits gars.

Après avoir entendu ces propos incisifs les trois légionnaires s'arment jusqu'aux dents pour tenter d'éviter la mort sûre qui les guette. Et les voilà partis dans la jungle hostile, taillant de leurs machettes la végétation luxuriante qui retarde leur avance. Et brusquement, tombant du haut des arbres, des guerriers nus à la peau scarifiée se jettent sur les légionnaires comme des mouches affamées sur un vieux bout de munster. Ils sont aussitôt ligotés et transportés au village près de la rivière où le chef les accueille.

– Je vous donne une chance de vous en sortir, leur dit-il. Si mes guerriers n'arrivent pas à rapporter tout ce que vous commanderez à manger vous serez sauvés. Sinon, ils feront des canoës avec votre peau. Qui veut commencer?

– Moi, dit Swartzhamburger. Je voudrais un tee-bone steak avec du chedar-cheese dessus, des « onion rings » autour et quelques tranches de tomates de Californie arrosées de Worchestershire sauce.

1. Bien qu'on n'ait jamais vu un seul élan en Afrique.

– Et comme boisson? demande le chef tout en notant la commande.

– Un Coca light!

Quelques minutes plus tard, hélas, les guerriers reviennent avec un plateau sur lequel trône la commande complète de l'Américain.

– Ils ont tout trouvé, constate le chef avec satisfaction. Allez, hop, « canoë »!

Horreur. En moins de temps qu'il n'en faut à un boa pour enfiler une chaussette, les sauvages dépècent Swartzhamburger, tendent sa peau sur des arceaux de bois et s'embarquent sur la rivière dans le canoë ainsi fabriqué.

– *Gouroun'délé akoumba én'dé*, chantent-ils joyeusement, enfonçant en cadence leurs pagaies dans l'eau.

Ahmed et Van Maneken sont terrifiés.

– A toi, dit le chef à Ahmed.

– Moi, je veux un tajine de poulet au citron vert avec un couscous à la cannelle et une assiette de loukoums au jasmin.

A nouveau, le chef lance ses ordres. Quelques instants plus tard, la commande d'Ahmed se présente devant lui.

– Allez, hop, « canoë »! braille le chef.

Et la peau du malheureux légionnaire se retrouve aussitôt tendue sur des arceaux de bois. Comme avec le précédent canoë, les sauvages s'en vont sur la rivière en chantant gaiement.

– *Gouroun'délé akoumba én'dé!*

– A toi, maintenant, fait le chef à Van Maneken.

Ce dernier ne peut dissimuler un sourire de ruse.

– Vous pouvez me libérer tout de suite, dit-il, car vous ne trouverez jamais ma commande.

– Nous verrons bien.

– Je voudrais des frites, dit-il simplement.

– C'est tout? Tu vas avoir une mort subite [1], promet le Noir.

– Pas de bière avec les frites, s'il vous plaît.

Avant même que le chef ait donné ses ordres, un guerrier apporte en se tordant de rire une assiette de frites à Van Maneken.

---

1. Pour ceux qui n'ont pas eu le plaisir d'aller en Belgique, la « Mort Subite » est une bière très connue au plat pays.

– Il manque quelque chose, laisse tomber froidement le légionnaire.

Le rire se noue dans la gorge du sauvage. Le chef blêmit.

– Comment? Mais tu as commandé des frites et tu les as!

– Oui, mais il manque une fourchette pour les manger.

– Apportez-lui une fourchette, hurle le chef hors de lui.

Vert de peur, l'un des guerriers apporte une fourchette à Van Maneken que l'on détache aussitôt. A peine libéré, ce dernier attrape la fourchette et se poignarde nerveusement la poitrine à plusieurs reprises en braillant d'un air vengeur :

– Voilà ce que j'en fais, de votre canoë!

*

Deux autres journalistes sont encore prisonniers des troupes du général Assambo Yassah. Le premier est photographe dans une agence de presse. Il s'appelle Francis. L'autre s'appelle Jean-Kiki, il est reporter à « Phoque magazine », un journal pour garçons. Une nuit, en bricolant une ligne de téléphone. Jean-Kiki a réussi à alerter « Phoque magazine » en envoyant un message en morse. Assambo Yassah, acculé par la pression de l'opinion mondiale, est donc contraint de libérer les deux journalistes. Hélas, ils sont capturés après deux jours de marche dans la jungle par la tribu des canoës.

– Pitié, dit Jean-Kiki à l'impitoyable chef, ne nous transformez pas en canoës.

– Pourquoi?

– Parce que c'est pas gai.

– La seule façon de vous en sortir, dit le chef qui est un vicieux, c'est d'aller nous cueillir des fruits pour nourrir toute notre tribu.

– Donnez-nous des paniers, on y va tout de suite, fait Francis.

– Rapportez-moi chacun cent fruits et vous serez libres. Sinon, le « canoë »!

Les deux Blancs ne se le font pas dire deux fois. Ils

partent chacun de leur côté équipé d'un panier et escorté d'un guerrier.

Un quart d'heure plus tard, le photographe revient en courant. Il dépose son panier plein de fraises aux pieds du chef.

– Attachez-le tout de suite, ordonne le gros Noir cruel.

– Mais vous aviez dit que vous me libéreriez! proteste Francis.

– Avant, le sorcier de la tribu va te faire entrer, un par un, les cent fruits dans le troufignon. Si tu pousses un seul cri, tu seras transformé en canoë.

Prenant son mal en patience, Francis se laisse faire. Le sorcier fait son office en comptant les fraises.

– Une, deux, trois, quatre...

Lorsqu'il arrive aux alentours de quatre-vingt-dix fraises, Francis est brusquement secoué d'un rire intérieur.

– Ça te chatouille? demande le sorcier.

Francis fait non de la tête. Le sorcier continue.

– ... Quatre - vingt - quinze, quatre - vingt - seize, quatre vingt-dix-sept...

Francis pouffe.

– Tu as crié, dit le chef.

– J'ai pouffé, rectifie Francis.

– Quatre-vingt-dix-huit, quatre-vingt-dix-neuf...

Francis hurle de rire.

– Tu as crié, tu as crié! braille le chef ravi.

– Pourquoi as-tu crié? demande le sorcier étonné, il ne restait qu'une seule fraise.

– Parce que j'ai pensé à cet idiot de Jean-Kiki, explique Francis pris d'un fou rire. Je l'ai vu en train de cueillir des noix de coco.

*

Un jeune mercenaire arrive au Boun'dala où il doit entraîner les troupes d'Assambo Yassah. Les rebelles ont installé un village de tentes en pleine brousse, bien que Jean-Kiki soit parti depuis longtemps. Le jeune officier se présente au général.

– Lieutenant Castagne, à vos ordres, crie-t-il en se mettant au garde-à-vous à l'entrée de la tente d'état-major.

Assambo manque de renverser son café, alors qu'il préférerait de beaucoup renverser Gouroundi.

– Vous me voyez subséquemment enchanté de votre arrivée inopinée, lieutenant, dit le général qui sort de sa tente pour l'accueillir. Mes troupes attendent impatiemment que vous leur dispensiez l'enseignement militaire adéquat. Venez. Je vais vous emmener présentement dans vos quartiers.

Le lieutenant suit Assambo Yassah qui le conduit vers la tente qu'on lui a désignée.

– Malheureusement, vous n'aurez pas ici le confort que vous auriez dans une caserne, dit Assambo.

– Vous faites pas de mourron, mon général. Ça m'empêchera pas de casser du bamboula... enfin je veux dire... Pas vous, l'autre.

– J'avais lu entre les lignes de votre langage rude mais sincère, répond le chef rebelle. Pour revenir au confort, parlons des femmes. Nous n'en avons pas dans notre camp. Ni même, hélas, à plusieurs dizaines de kilomètres à la ronde.

– C'est pas grave, dit le lieutenant plein de courage. Je m'en passerai.

– Nous avons cependant un troupeau de chèvres très sympathiques, poursuit Assambo, en montrant du doigt un enclos sous un baobab.

– Je suis là pour combattre et pour rien d'autre, dit Castagne en posant son regard fier sur la ligne bleue du Kilimandjaro, qui est au guerrier bantou ce que les Vosges sont au poilu de Verdun.

Là-dessus, le lieutenant s'installe et se met en devoir d'entraîner les troupes rebelles. Plusieurs semaines passent sans que le jeune et fougueux officier ne songe une seule fois à s'adonner au repos du guerrier bien qu'il possède sur son pantalon de treillis des poches faites pour y mettre les pattes arrière des chèvres. Mais un soir, alors que la pluie chaude des tropiques vient de mouiller la terre faisant ressortir des senteurs enivrantes, le lieutenant Castagne laisse errer son regard vers l'enclos.

– Au fait, pourquoi pas? se dit-il. Personne ne le saura.

Et le voilà qui se dirige vers le troupeau de cabris d'un pas décidé mais discret. Arrivé là, il attrape la première chèvre qui se présente et lui fait subir aussitôt les derniers outrages. A peine a-t-il commencé ses ébats que le faisceau aveuglant d'une grosse lampe-torche le surprend. Un énorme rire secoue alors toute la troupe de Yassah qui s'est rassemblée autour de l'enclos.

– Et alors quoi? brame le lieutenant vexé. Vous en faites pas autant, vous?

– Oui, dit un des rebelles, mais toi, t'as choisi la plus moche.

*

Le coup d'État d'Assambo Yassah a échoué. Obligé de fuir, le lieutenant Castagne se réfugie en Afrique du Sud où il s'achète une somptueuse villa avec l'argent que lui procure le trafic d'armes. Il réussit même à se marier avec la fille d'un riche propriétaire blanc. Un jour, il décide de faire un voyage en Europe dans le but de visiter le salon du Bourget. Il veut, en effet, acheter quelques avions de combat d'occasion pour aider Yassah à préparer un second pusch [1]. Mais retardé par une discussion ardue à cause d'une éraflure sur la carrosserie d'un vieux Jaguar, il téléphone chez lui. Il reconnaît la voix de son boy.

– Allô, Mamadou?

– Oui, bwana, répond le brave boy.

– Tu peux me passer Madame?

– C'est-à-dire... Non, bwana.

– Et pourquoi ça, Mamadou?

– Madame est occupée avec un monsieur dans le lit.

Le sang du lieutenant Castagne ne fait qu'un tour.

– Ah, la hyène lubrique! hurle-t-il.

– Je ne vous le fais pas dire, bwana.

– Mamadou, va chercher mon fusil et descends tout de suite ces deux fumiers.

– Oui, bwana.

Tandis qu'il entend son boy s'éloigner, Castagne se

1. Contraction de l'expression : « Pusch-toi de là que je m'y mette! »

mord le poing de rage. Il entend bientôt trois coups de feu.

Mamadou revient.

– Ça y est, bwana, j'ai tué votre femme et le monsieur dans le lit.

– Tu ne l'as pas eu du premier coup? demande le lieutenant.

– Si, bwana!

– Alors, pourquoi as-tu tiré trois fois?

– J'ai été obligé de tuer aussi le yorkshire de Madame, qui me mordait cruellement le mollet.

– Quel yorkshire?... Ma femme n'avait pas de yorkshire.

Pris d'un doute, Castagne réfléchit et demande alors :

– Je ne suis pas au 47.67.98?

– Non, bwana!

mord le poing de rage. Il entend bientôt trois coups de feu.

Mamadou revient.

— Ça y est, bwana, j'ai tué votre femme et le monsieur dans le lit.

— Tu ne l'as pas eu du premier coup ? demande le lieutenant.

— Si, bwana!

— Alors, pourquoi as-tu tiré trois fois?

— J'ai été obligé de tuer aussi le yorkshire de Madame qui me mordait cruellement le mollet.

— Quel yorkshire?... Ma femme n'avait pas de yorkshire.

Pris d'un doute, Castaing réfléchit et demande alors :

— Je ne suis pas au 4, 67.98?

— Non, bwana!

LES HISTOIRES DE HAZIZ

Haziz et Moktar sont partis depuis des semaines dans le désert. Leur dromadaire est épuisé. Il a les jambes tellement arquées qu'on dirait qu'il marche entre parenthèses. Brusquement, Haziz aperçoit un village à l'horizon.

– Moktar, regarde, un bled là-bas.

Pour toute réponse, Moktar aiguillonne le dromadaire qui se met à blatérer et à galoper en ondulant de la bosse au risque de donner le mal de mer à ses passagers – ce qui serait un comble pour des gens qui n'ont pas vu d'eau depuis une semaine et qui justifierait son surnom de « vrai sot du désert [1] ».

Arrivés au village, Haziz, Moktar et leur dromadaire s'arrêtent devant un petit bistrot-restaurant-épicerie-pompe à essence.

– Bonjour, patron, lance joyeusement Haziz en entrant. Nous voudrions boire un peu d'eau, s'il vous plaît.

– Servez-vous, répond aimablement le tenancier en

1. Ce qui signifie « con comme la dune ».

posant sur une table une carafe d'eau fraîche citronnée et deux verres.

– Le dromadaire doit avoir soif, lui aussi, dit Moktar, il a partagé notre souffrance, donnez-lui à boire.

Le patron apporte aussitôt une grande bassine d'eau fraîche au dromadaire qui en aspire goulûment le contenu avec un bruit de vidange de fosse septique.

– Vous avez faim, sans doute? demande le bistrotier.

– Oh oui, fait Haziz, ça fait huit jours qu'on marche dans le désert sans avoir mangé autre chose que des dattes et quelques figues sèches.

– Alors, laissez-moi faire, je vais vous servir un couscous merguez dont vous me direz des nouvelles.

– Très bien, fait Haziz, servez aussi le dromadaire. Il a partagé notre faim, il doit partager notre nourriture.

Après le repas, pour remercier leur hôte de les avoir si bien accueillis, les deux voyageurs éructent bruyamment.

– Nos estomacs et nos palais sont rassasiés, dit Haziz. Aubergiste, pouvons-nous trouver ici de quoi combler notre désir charnel à cause duquel nous commencions à trouver du charme à notre Méhari.

– Il n'y a pas grand-chose dans ce village, dit le patron en faisant la moue. Il y a bien une prostituée mais elle est très vieille, très laide, très sale et presque aveugle. Cela dit, elle n'est pas chère.

– Où peut-on la trouver?

– Suivez les mouches!

C'est ainsi qu'Haziz et Moktar se retrouvent devant une infâme bicoque à la porte de laquelle ils frappent. La vieille prostituée annoncée par le patron du bistrot se présente. Elle ferait peur à un bouc en rut.

– Bonjour, Madame, fait Moktar dont la vieille palpe aussitôt le visage, c'est combien pour un petit coït vite fait?

– C'est trois dinars, répond-elle en souriant gentiment.

Moktar acquiesce et suit la vieille prostituée aveugle dans sa bicoque. Après un petit quart d'heure, il sort et laisse sa place à Haziz mais ce dernier se ravise :

– J'ai pas tellement envie!

– Tu ne peux pas faire ça, lui répond Moktar, la vieille va être vexée.

– Y'a qu'à lui envoyer le dromadaire.
– Ah non, pas le dromadaire, tout de même!
– Mais quoi, dit Haziz, il a fait le voyage comme nous, il a mangé et bu avec nous, il a droit aux mêmes plaisirs que nous.
– Oui, mais la vieille va s'en apercevoir, objecte Moktar.
– Elle voit rien, y'a qu'à rien lui dire.
Moktar se rend aux raisons de son ami. Le dromadaire entre à son tour dans la bicoque. Et les voilà, la vieille et lui, qui brament de plaisir à n'en plus finir. Après une bonne demi-heure, le dromadaire sort, un large sourire sur ses grosses lèvres blatérantes. La vieille prostituée sort également, transfigurée.
– Ah, mes amis, mes amis! fait-elle.
Elle palpe à nouveau le visage de Moktar.
– Toi, tu pourras revenir quand tu voudras, ce sera toujours trois dinars. Mais ce sera gratuit pour ton copain bossu avec la veste en daim.

*

Moktar a décidé de rester au village. Haziz est donc reparti seul sur le dromadaire. Trois jours de marche le séparent encore de la maison de ses parents. Mais il a bien bu, bien mangé, le voilà rassasié. Hélas, si le dromadaire a pu satisfaire un instant ses élans amoureux de Quasimodo du désert, Haziz est resté sur sa faim. Alors qu'il fait une halte dans une oasis pour y manger quelques fruits et y boire un peu d'eau, Haziz s'aperçoit qu'il n'y a plus qu'une seule datte dans son sac à provisions. Très contrarié de ne pas avoir le choix dans la datte, il ressent avec plus d'intensité encore le désir qui commence à les lui transformer en boules de loto. Sensation d'autant plus insupportable que le tirage n'est pas pour tout de suite. C'est alors que le vertige du désert s'empare de son esprit. Le dromadaire penché au-dessus de l'eau, pattes écartées, afin de s'abreuver bruyamment paraît soudain à Haziz sous un jour nouveau. Comme dans un mirage, les cuisses du Méhari se parent brusquement de porte-jarretelles et de bas résille. Haziz, bouche bée, se lève.

– Viens, petit dromadaire, dit-il doucement. Viens voir ton gentil Haziz.

Inquiet, l'animal lève brusquement la tête. Apercevant alors le regard lubrique du jeune Arabe, il prend peur et va se réfugier à quelques mètres de là.

– Oh le gros trouillard, fait Haziz qui tente à nouveau d'attraper la bête par son licou.

Mais bien qu'employé par les musulmans, le dromadaire possède un caractère de cochon. Le voilà qui se met à sauter et à ruer furieusement comme s'il était au rodéo. Haziz commence à désespérer d'assouvir un jour le désir qui lui cramponne les tripes quand brusquement le bruit d'un moteur de voiture se fait entendre. Une Jeep rutilante arrive et s'arrête près de la source. Alors, sous les yeux incrédules du jeune Arabe assoiffé d'amour, une magnifique jeune femme en descend. Ses cheveux auburn dansent et battent souplement ses épaules nues. Sa poitrine à faire pâlir de jalousie Jane Mansfield et les flans de l'Alsacienne tressaille au rythme de ses pas. Sa taille et ses hanches ondulantes font irrésistiblement se dresser le serpent à lunettes [1] dans le panier duquel on aimerait qu'elle mette sa main. Ses jambes longues et lisses avancent comme des ciseaux qui découpent le cœur à chacun de ses pas. Comme si ça ne suffisait pas, la voilà qui retire sa chemise et son short et qui glisse entièrement nue dans l'onde rafraîchissante.

– Madame, Madame, je vous en prie, crie Haziz.

La jeune femme étonnée se tourne vers le jeune Arabe.

– Bonjour, beau jeune homme, dit-elle dans un souffle.

– Bonjour, Madame, fait Haziz impressionné. C'est le destin qui vous envoie.

– En quoi puis-je t'être utile?

– Est-ce que vous pourriez sortir un instant de l'eau et me tenir le dromadaire?

*

1. Le « serpent à lunettes » est souvent charmé par la « femme à lunettes ».

Haziz est enfin rentré chez lui. Il a retrouvé sa famille, ses amis et la jolie Fatima dont il est amoureux fou. Elle est la fille d'Ali Ben Hagravah, un riche cultivateur d'oranges du village voisin. Haziz est très impressionné par le père de Fatima.

– Tu n'as pas honte d'avoir peur, dit la mère d'Haziz à son fils. Va demander à Sidi Ben Hagravah la main de sa fille.

– Mais maman, c'est pas la main de Fatima qu'il va me donner, c'est la sienne en pleine figure.

– Je ne savais pas que mon fils était un lâche.

– Je ne suis pas lâche, je suis miné par le feu de l'amour, répond Haziz, qui sait bien que le feu de l'amour a souvent besoin de « lâche miné » pour brûler.

Mais sa mère n'a pas l'intention de laisser échapper le joli parti que représente Fatima. Elle décide donc, pour que son fils reprenne confiance en lui, de le flatter pour ne pas perdre le magot [1].

– On n'a pas le droit d'être miné quand on est un beau garçon comme toi, dit-elle. Pour t'aider à faire ta demande, je vais te donner la plus belle djellaba de ton père.

C'en est fait, Haziz ne peut plus reculer. Il enfile donc la djellaba paternelle et court au village voisin rencontrer le père de Fatima.

– Bonjour, sidi Ali, dit-il à l'homme qui le reçoit dans sa somptueuse demeure, j'ai l'honneur de vous demander la main de Fatima, votre fille.

Ali Ben Hagravah toise le jeune freluquet qui ose avoir une telle prétention.

– Je te donnerai la main de ma fille quand tu te tiendras comme un homme civilisé, laisse-t-il tomber.

– Mais je me tiens bien, sidi Ali, vous pouvez demander à ma mère.

– Non, non, insiste le père de Fatima. La preuve, je suis sûr que tu ne portes pas de sous-vêtement.

Haziz rougit. Bredouille quelques excuses et s'en va en courant.

1. Flatter les gens, ça fait des magots.

– Alors, comment ça s'est passé? lui demande sa mère à son retour.

– Mal, il m'a dit qu'il me donnerait la main de Fatima quand je porterai un sous-vêtement.

– Quel chicaneur! fait la mère. Bon, demain nous irons au marché ensemble et nous achèterons du tissu pour te faire un beau caleçon.

Ceci dit [1], le lendemain, Haziz et sa mère s'en vont au marché et trouvent une jolie pièce de tissu à fleurs qui mesure douze mètres. Le prix en est tellement bas qu'ils l'achètent en entier.

– Je te ferai plusieurs caleçons dedans, dit la mère d'Haziz. Pour l'instant, comme nous sommes pressés, je ne vais t'en coudre qu'un.

L'après-midi même, Haziz, vêtu de son caleçon à fleurs tout neuf et de sa djellaba, retourne voir Ali Ben Hagravah. Mais au milieu du djebel, le trac le prend soudain. Il est obligé de s'arrêter derrière un rocher pour soulager ses tuyauteries. Pour cela, il retire son caleçon à fleurs. Mais une fois la commission faite, il repart en courant et en oubliant le caleçon. Le manque d'habitude sans doute. Lorsqu'il arrive chez Ben Hagravah, Haziz arbore un sourire plein de fierté. Sans un mot d'explication, il soulève sa djellaba croyant exhiber le sous-vêtement qu'il a oublié de remettre. A la vue de ce spectacle, le père de Fatima blêmit.

– Et c'est pas tout, ajoute Haziz, j'en ai encore onze mètres à la maison.

*

Pour oublier son chagrin d'amour, Haziz a décidé de s'expatrier. C'est ainsi qu'il se retrouve en France. Mais, ayant l'âge d'être mobilisé, le voilà convoqué au fort de Vincennes.

– Je voulais faire des études, devenir intelligent, pas militaire, dit-il au téléphone à son copain Moktar.

1. Désolé, je n'ai pas pu m'empêcher de la faire.

– Fais-toi réformer, répond ce dernier.
– Oui, mais comment?
– En te faisant passer pour fou.
– Non, non. Si ça marche, ils vont m'enfermer pour de bon.
– C'est vrai. Alors, je ne vois plus qu'une solution, fait Moktar. Comme tu es dégoûté de l'amour et qu'à l'armée ils n'engagent que des gars qui en ont dans le pantalon, écrase-toi carrément les parties entre deux pierres.
– Ça doit faire mal.
– Pas si tu mets les pouces à l'extérieur.
Après mûre réflexion, Haziz ramasse sur un chantier deux briques avec lesquelles il pratique le douloureux écrasement. Quelques jours de soins suffisent pour remettre notre futur réformé sur pieds. Il se présente donc, l'âme sereine, devant le médecin-major qui lui ordonne de se déshabiller.
– Ouais, ouais, ouais, fait ce dernier en inspectant Haziz de haut en bas.
Puis il va s'asseoir derrière son bureau.
– T'es réformé, dit-il déçu.
Haziz laisse un beau sourire s'épanouir sur son visage heureux. Le médecin-major lève alors les yeux vers Haziz et lui assène :
– T'as de la chance, t'as les pieds plats.

*

C'est dimanche, Haziz se repose en regardant un commentaire du Coran à la télé. Soudain, le téléphone sonne. C'est son ami Moktar.
– Allô, Haziz! Tu veux voir la photo d'un imbécile avec une agrafe dans l'oreille?
– Oui, répond naïvement Haziz.
– Hé bien, regarde ta carte d'identité!
Moktar raccroche. Haziz regarde la photo agrafée sur sa carte d'identité et comprend. Il est un peu vexé mais, après avoir réfléchi, il rit quand même. Il téléphone aussitôt à un autre de ses copains.
– Dis donc, Mohammed, tu veux voir la photo d'un imbécile avec une agrafe dans l'oreille?

– Oui, répond l'autre.
– Viens voir ma carte d'identité !

*

Haziz entre dans l'agence ANPE de son quartier.
– Bonjour, Madame, dit-il à l'employée. Je m'appelle Haziz Choukraoui. Est-ce que vous avez du travail pour moi ?
– J'ai une jolie place de directeur général de la filiale française d'un grand groupe japonais à 180 000 francs par mois. Une Rolls de fonction avec chauffeur, téléphone, télé, bar. Un appartement de deux cent cinquante mètres carrés avenue Foch. Contrat de quinze ans.
– C'est pas possible, fait Haziz incrédule, vous vous moquez de moi.
– Ah, c'est pas moi qui ai commencé, répond sèchement l'employée.

*

Haziz a fini par trouver un travail. Son ami Moktar l'a rejoint en France et ils ont monté une petite épicerie de quartier, à côté de l'épicerie de l'ancien adjudant Buzard. Dans ces conditions, les affaires ne sont brillantes ni pour les uns, ni pour l'autre.
– Il faut qu'on fasse quelque chose, dit Moktar.
– Oui, on va vendre la boutique et s'installer ailleurs.
– D'accord, mais combien faut-il vendre un magasin comme celui-là ?
– Laisse-moi faire, on va le savoir tout de suite, dit Haziz.
Ce disant, il sort de la boutique et va voir Buzard dans la sienne.
– Salut, bougre de petit salopard, fait l'adjudant. Qu'est-ce tu veux ?
– J'ai une question à vous poser, Monsieur, sans vous déranger. Si vous vendiez votre boutique, vous en demanderiez combien ?

– Je te vois venir, toi, s'esclaffe Buzard, si tu crois que je vais te la vendre, tu te fourres le doigt dans l'œil jusqu'au colon, mon colon.

– Non, non, je ne veux pas l'acheter, rassurez-vous. Je veux juste savoir combien vous la vendriez pour me faire une idée du prix auquel on va vendre notre boutique.

– Tu veux vendre, demande joyeusement Buzard, qui flaire la bonne affaire, je te l'achète. Et j'ai pas l'habitude de revenir sur mes promesses. Comme mon épicerie vaut bien 100 000 francs, je te rachète la tienne au même prix.

– Ah non, non. La nôtre vaut 800 000 francs.

– Quoi ? s'insurge Buzard. Comment que t'oses vendre ton magasin plus cher que le mien ?

– Parce que Moktar et moi, répond Haziz, on n'a pas des Arabes à côté.

– Je te vois venir toi, s'esclaffe Buzard, si tu crois que je vais te la vendre, tu te fourres le doigt dans l'œil jusqu'au colon, mon cochon.

– Non, non, je ne veux pas l'acheter, rassurez-vous. Je veux juste savoir combien vous la vendriez pour me faire une idée du prix auquel on va vendre notre boutique.

– Tu veux vendre, demande joyeusement Buzard, qui flaire la bonne affaire, je te l'achète. Et j'ai pas l'habitude de revenir sur mes promesses. Comme mon épicerie vaut bien 100 000 francs, je te rachète la tienne au même prix.

– Ah non, non. La nôtre vaut 800 000 francs.

– Quoi ? s'insurge Buzard. Comment que t'oses vendre ton magasin plus cher que le mien ?

– Parce que Mokhtar et moi, répond Hazy, on n'a pas des Arabes à côté.

LES HISTOIRES DE LA FAMILLE BÉNICHOU

1943, mauvaise année pour les juifs. Ephraïm Bénichou veut mettre sa famille en sécurité. Pour cela il rencontre le colonel François, qui fait partie de la Résistance.

– Je voudrais aller de l'autre côté de la ligne de démarcation, dit-il avec un accent yiddish à faire pâlir Popeck de jalousie.

– Combien êtes-vous dans votre famille? demande le colonel François.

– Il y a ma femme, Rachel Bénichou, et mon fils, Salomon Bénichou.

– Bon! Préparez-vous, on part dans un mois.

Ephraïm sursaute.

– Mais les nazis ont dix fois le temps de nous arrêter. Pourquoi attendre un mois?

– Pour préparer vos faux papiers, pour vous couper la barbe et les jolies nattes bouclées qui ne vous donnent pas vraiment le type aryen et surtout pour vous apprendre à parler sans accent.

Ephraïm se résigne. Le voilà donc qui prend des cours de diction en compagnie de sa femme Rachel et de son fils Salomon. Et au bout d'un mois de travail acharné, le colonel François vient en personne remettre ses faux papiers à la famille Bénichou.

– Cette fois, vous êtes parés, dit-il en tapant amicalement sur l'épaule d'Ephraïm. Vous vous appelez maintenant la famille Cambronne. Il n'y a pas plus français. Vous vous prénommez Albert, votre fils René et votre femme Maud Cambronne. Vous êtes boucher.

– Cacher? demande Ephraïm.

– Boucher-charcutier, précise le colonel.

Et c'est ainsi que toute la famille Cambronne, alias Bénichou, se retrouve un beau matin avec les valises devant un pont qui franchit la Loire, prête à passer en zone libre. Alors qu'ils se présentent au poste de garde occupé par un gros soldat allemand, une voix claque derrière les trois juifs.

– *Halt!*

C'est un petit homme vêtu d'un manteau de cuir noir et coiffé d'un chapeau à large bord. Il sent la Gestapo à plein nez. Il s'approche d'Ephraïm et lui arrache ses papiers des mains.

– Nous allons jouer aux devinettes, dit-il cruellement. Nom?

– Cambronne Albert, répond Ephraïm en retenant un tremblement.

– Bien! Votre fils?

– René!

– Votre femme?

– Maud!

– Très bien! Profession.

– Boucher.

– Bien, très bien. Vous pouvez aller.

Le gestapiste satisfait rend les papiers à Ephraïm qui transpire, ramasse ses valises et la famille Bénichou avance sur le pont. Les gendarmes français leur font de gentils signes de l'autre côté. Brusquement, alors que les trois juifs n'ont parcouru qu'une dizaine de mètres, la voix de l'Allemand claque à nouveau comme un coup de fouet.

– *Halt!*

Ephraïm, Salomon et Rachel se figent.

– Religion? questionne le nazi.

Ephraïm se retourne et répond sans hésiter.
– Goï [1]!

*

Juste après la guerre, on propose à Ephraïm Bénichou d'aller en Israël. Il s'y refuse, prétextant qu'il se méfie des autres juifs, qu'il n'aime pas les Arabes et qu'il a choisi de s'expatrier en URSS. Une fois là-bas, il monte un élevage de poulets. Sa ferme prospère rapidement. Si bien qu'un jour, un commissaire du peuple rend visite à la famille Bénichou.

– Alors le juif, dit-il avec arrogance, comment se porte ton élevage de poulets?

– Venez voir, camarade commissaire, dit Ephraïm qui jubile.

Il emmène son visiteur dans le poulailler. Le commissaire pousse la porte et s'immobilise, époustouflé par la vue des centaines de gros poulets bien gras qui caquettent devant lui.

– Comment fais-tu, en pleine disette, pour avoir des poulets aussi gras? Que leur donnes-tu à manger?

– Je leur donne des vieux restes de pain, ça leur suffit, répond Ephraïm fièrement. Et tu vois comme ils profitent bien, camarade commissaire.

– C'est la misère partout et tu oses donner du pain à tes poulets, gronde le commissaire. Je te condamne à payer cinquante mille roubles d'amende.

Ephraïm se décompose. Il refuse poliment le long week-end que le commissaire lui offre de passer dans un relais-goulag au nord de la Sibérie et il paye.

Plusieurs années se passent et, un jour, le commissaire revient.

– Tu as toujours ton élevage de poulets?

– Oui, camarade commissaire!

– Fais-le voir.

Ephraïm emmène le commissaire au poulailler. Horreur, les poulets sont encore plus gros qu'avant!

---

1. C'est ainsi que les juifs appellent ceux qui ne sont pas juifs.

– Tu désobéis, accuse le fonctionnaire furieux. Tu leur donnes encore du pain.

– Non, non! Je leur donne juste un peu de maïs, se défend Ephraïm.

– Comment? Du maïs en pleine crise, rugit l'autre.

– Mais ce ne sont que des restes glanés dans les champs.

– Je ne veux pas le savoir! Cent mille roubles d'amende!

Le pauvre juif paye, la mort dans l'âme. Plusieurs années plus tard, le commissaire revient. Dans le poulailler qui est devenu ultramoderne, les poulets sont énormes. On dirait même des petites autruches.

– Ephraïm Bénichou! hurle le commissaire. Espèce de sale suppôt du capitalisme sioniste! Qu'est-ce que tu donnes à manger à tes poulets?

– Ah, camarade commissaire, je ne leur donne rien à manger, rien du tout, proteste fermement Ephraïm.

– Comment rien à manger? Tu te fous de moi?

– Non, je leur donne de l'argent et ils vont manger où ils veulent.

*

Les Bénichou sont revenus à Paris. Rachel est heureuse, elle a fait des emplettes.

– Mon fils, je t'ai acheté deux cravates, dit-elle, en tendant à Salomon un petit paquet.

Celui-ci le défait et découvre, en effet, deux cravates. L'une est à rayures, l'autre à pois.

– Elles te plaisent? demande la mère.

– Beaucoup, dit Salomon. Merci, maman.

Il prend tendrement sa mère dans ses bras et dépose deux gros baisers sur ses joues. Rachel fronce les sourcils.

– Tu es sûr qu'elles te plaisent toutes les deux? Parce que s'il y en a une qui ne te plaît pas, on peut la changer.

– Mais non, maman, elles sont super.

– Bon! Eh bien, n'oublie pas d'en mettre une pour venir déjeuner à la maison, dimanche.

Rachel prend congé de son fils et le dimanche suivant,

Salomon s'habille pour aller déjeuner chez ses parents. Un dilemme le hante. Quelle cravate mettre? Celle à rayures? Celle à pois? Après un long dialogue avec lui-même, il décide de mettre la cravate à pois. Puis, d'un pas guilleret, il se rend chez ses parents. En sonnant à la porte, il rajuste sa cravate pour que sa mère soit fière de lui. Elle ouvre la porte, elle rit, elle embrasse son fils.

– Mon petit! Comme tu es beau.

Et brusquement la voilà qui change de visage.

– Tu as mis la cravate à pois!

– Oui, maman, répond Salomon, inquiet.

– Pourquoi, dit Rachel sèchement, celle à rayures, elle te plaît pas?

*

Ephraïm Bénichou lit tranquillement son journal, un samedi matin, quand Rachel s'approche de lui tendrement.

– Ephraïm, tu sais quel jour on est, aujourd'hui?

– Samedi!

– Oui, mais quelle est la date?

– Samedi huit avril!

– Et ça te dit rien, le huit avril?

– Non!

– C'est le jour où je suis née.

Bénichou comprend brusquement.

– Oh, pardon! Bon anniversaire, ma chérie!

Sans même se lever, il tend ses lèvres pour que Rachel en se penchant vers lui puisse recevoir son baiser. Mais elle ne bronche pas.

– Tu as pensé à m'acheter un petit cadeau? poursuit-elle.

– Oui, oui! Qu'est-ce que tu veux que je t'achète, un manteau de fourrure?

– Tous les ans tu m'achètes un manteau de fourrure.

– Qu'est-ce que tu veux, à la place?

– Écoute, Ephraïm, dit-elle timidement. Je n'ai jamais eu d'argent de poche de toute ma vie. Si tu me donnais cinq mille francs, je pourrais m'acheter ce que je voudrais. J'aurais l'impression d'être indépendante. C'est pas grand-chose, cinq mille francs.

Salomon regarde sa femme avec une mine horrifiée.

– Cinq mille francs? Et où veux-tu que je trouve cinq mille francs au prix de gros?

*

Les affaires se présentent bien pour Ephraïm Bénichou car son fils Salomon va se marier avec la fille d'un banquier. Un soir, après dîner, tandis que Salomon regarde la télévision, Rachel prend son mari à part.

– Ephraïm, lui dit-elle. Notre fils va se marier. Il serait temps de lui expliquer certaines choses.

– Tu as raison, ma chérie, répond Ephraïm d'un air entendu.

Il se lève donc et, tandis que Rachel va pudiquement se coucher, il prend deux verres et une bouteille de schnaps puis s'approche de son fils.

– Salomon, mon petit, dit-il, embarrassé, tu vas te marier et il faut que tu saches certaines choses.

Salomon, intéressé, éteint la télé. Son père poursuit.

– Est-ce que tu connais les doigts de la main?

– Oui papa! Il y a le pouce, l'index, le majeur...

– Non, non, non, coupe Ephraïm. Tu n'y es pas du tout. Il y a le doigt du voyage, le doigt de la direction, le doigt de la jouissance, celui du mariage et celui de la distinction.

– Je ne comprends pas!

– C'est simple pourtant. Le doigt du voyage, c'est le pouce, car sans lui, impossible de faire de l'auto-stop. Le doigt de la direction, c'est l'index avec lequel tu peux indiquer une direction. Le doigt du mariage, c'est l'annulaire à cause de l'anneau qu'on y passe et le doigt de la distinction, c'est l'auriculaire que tu lèves en buvant une tasse de thé.

Salomon regarde son père, émerveillé. Mais soudain il réalise qu'Ephraïm a oublié quelque chose.

– Et le doigt de la jouissance?

– Ah! C'est là que je voulais en venir, répond le père en

se penchant vers l'oreille de son fils. Voilà comment on se sert du doigt de la jouissance. De temps en temps, le soir, avec ta mère, j'humecte mon médium et...

– Et...?

– Et je compte les billets!

*

Ça y est, Salomon Bénichou s'est marié! Mais Rachel, sa mère, est dans tous ses états parce que Rebecca, la femme de son fils chéri, est une très mauvaise cuisinière. Un repas chez Rebecca, c'est comme un enterrement, on y va pour déposer une gerbe.

Pourtant la maladroite Rebecca fait des efforts pour s'améliorer. Un jour même, elle décide d'acheter le livre de cuisine d'un grand chef dont, pour s'entraîner, elle tente de réaliser toutes les recettes. C'est une catastrophe. En rentrant du bureau, Salomon trouve sa femme en larmes dans la cuisine. Il la prend dans ses bras pour la consoler.

– Rebecca, ma chérie, que t'arrive-t-il?

– J'avais enfin réussi à te faire un bon petit plat, hoquette-t-elle entre deux seaux de larmes.

– Aïe, laisse échapper Bénichou, et alors?

– Et alors, pendant que j'avais le dos tourné, le chien a tout mangé.

– Quelle horreur, dit Salomon, et qu'as-tu fait de son cadavre?

*

Un client entre dans la banque que dirige Salomon Bénichou. Il s'approche du guichet.

– Bonjour, ma poule, lance-t-il à Judith, la jeune guichetière. Je viens ouvrir un compte de merde dans ta banque de chiottes.

– Comment? s'insurge la jeune fille, outrée.

– Mais elle est sourde, la grognasse! Je te dis que je viens ouvrir un compte de merde dans ta banque de chiottes.

– Ah Monsieur, lance Judith, rouge de colère, je ne vous ouvrirai un compte que lorsque vous me parlerez sur un autre ton.

– Si tu continues à me gonfler, c'est sur un autre thon que je vais te parler, hé, morue!

A bout d'arguments, la pauvre Judith quitte le comptoir et se précipite dans le bureau de Salomon Bénichou.

– Monsieur le directeur, sanglote-t-elle. Il y a là un client d'une grossièreté inimaginable. Je refuse de m'occuper de lui.

Bénichou prend un air protecteur, se lève et rajuste son veston.

– Ne bougez pas, ma petite Judith, je vais m'occuper de lui, ça va barder.

L'œil courroucé, Salomon sort de son bureau et se dirige vers l'homme.

– Monsieur? dit-il. Vous avez un problème, je crois.

– C'est pas un problème, tête de nœud, lui répond le grossier personnage. Je viens de gagner quinze millions lourds au loto et si je peux pas ouvrir un compte de merde dans ta banque de chiottes, j'irai l'ouvrir dans une autre banque de chiottes.

Salomon désigne alors la jeune guichetière.

– Et c'est cette connasse qui vous emmerde?

*

Ce lundi-là, Judith, la caissière de la banque, étant malade, c'est Salomon Bénichou lui-même qui sert les clients. Arrive Samuel Blum qui a la plus belle boutique de chapeaux du quartier.

– Bonjour, Salomon, dit-il en signant un chèque de retrait. Peux-tu me donner cinq mille francs en billets de cinq cents?

– Bien sûr, Samy, répond Salomon en défaisant une liasse qu'il compte à haute voix.

– Un, deux, trois, quatre, cinq, six, sept, huit, neuf et dix!

Il tend la liasse à Samuel. Celui-ci se lèche le médium et

compte les billets silencieusement sous l'œil étonné de Bénichou.

– Qu'est-ce qu'il y a, Samy? J'ai fait une erreur?

Sans dire un mot, Samy recommence à compter les dix billets de cinq cents francs.

– Mais enfin! s'écrie Bénichou. J'ai compté moi-même ces billets devant toi, Samuel.

L'autre lui jette un regard méfiant et recommence à compter en marmonnant. Salomon, vexé, laisse éclater sa colère.

– Si tu es venu ici pour m'insulter, Samuel, il fallait le dire tout de suite. Pourquoi refais-tu le compte que j'ai déjà fait? Il n'est pas juste, peut-être?

– Si, si, il est juste, finit enfin par répondre Samuel. Mais il est juste juste.

*

Afrotunnel vient de lancer un appel d'offres pour creuser un tunnel sous le détroit de Gibraltar, dans le but de relier le continent européen au continent africain. Les différentes sociétés consultées présentent des devis exorbitants ou refusent carrément le projet. Les responsables commencent à désespérer quand, un beau matin, l'ingénieur en chef pousse un cri de surprise.

– Ça, par exemple! dit-il au directeur général, regardez le devis que nous envoie la société Ephraïm Bénichou & fils. Ils demandent un prix tellement bas que j'ai peur qu'ils aient oublié deux zéros.

Le directeur lit le devis et hoche la tête d'un air intéressé.

– Convoquez-moi ce Bénichou et son fils. Même si cela semble farfelu, c'est le seul moyen qui nous reste pour réaliser notre projet.

Le lendemain, Ephraïm et son fils Salomon sont reçus par le directeur général et l'ingénieur dans les bureaux D'Afrotunnel.

– Votre devis, Messieurs, nous a beaucoup intrigués, commence le directeur.

– Cependant, continue l'ingénieur, nous aimerions que vous nous exposiez votre méthode de travail.

– C'est très simple, explique Salomon. Moi, je vais commencer à creuser du côté espagnol et mon père va creuser du côté marocain. Comme ça, on se rejoindra exactement au milieu de la mer.

L'ingénieur et le directeur regardent les Bénichou comme pour choisir la taille des camisoles de force qu'ils s'apprêtent à leur offrir.

– Votre projet est idiot, dit l'ingénieur. Supposez que vous ne vous rencontriez pas sous terre et que chacun poursuive sa route. Que se passera-t-il?

– On n'aimerait pas, dit Salomon, mais vous y gagneriez.

– Pourquoi? demande le directeur, sidéré.

– Parce que vous auriez deux tunnels pour le prix d'un seul.

*

Le petit David Bénichou a douze ans. En rentrant de l'école, il ne se jette pas sur la télé comme il en a l'habitude pour s'y coller comme une mouche à un pot de miel. Il pousse même l'étrangeté jusqu'à dire bonsoir à Salomon, son père.

– Papa! A l'école, on a appris deux nouveaux mots: « potentiellement » et « pratiquement », mais ils ne nous ont pas dit ce que ça voulait dire.

– Je vais t'expliquer, dit doctement Bénichou.

Il fait signe à son fils de s'approcher de lui et, se penchant à son oreille, y glisse une confidence. Le gamin acquiesce et fonce aussitôt dans la cuisine où sa sœur et sa mère sont en train de préparer le dîner.

– Maman, Myriam! Est-ce que vous accepteriez de faire l'amour avec n'importe qui pour dix mille francs?

En entendant la question, la sœur se met à assaisonner le salade avec du Paic citron et la mère enfourne la carpe farcie dans le lave-vaisselle.

– Petit dégoûtant, dit cette dernière, tu veux une gifle pour raconter des horreurs pareilles.

– Mais maman, c'est pour l'école!

Rebecca se calme.

– Ah bon, alors, si c'est pour l'école! Non, je n'accepterais pas de faire l'amour avec n'importe qui pour dix mille francs. Et ta sœur non plus.

– Et pour cent mille francs? continue David.

– Ni pour dix mille, ni pour cent mille, lui répond Myriam.

– Même pour un million?

La mère marque un temps d'arrêt.

– Ah pour un million...

– Pour un million, répète Myriam. Je pense que oui.

– Moi aussi, dit la mère. Pour un million, je pense que je le ferais.

Content de lui, le petit David retourne voir son père.

– Elles accepteraient, dit-il.

– Jusqu'à combien es-tu monté? demande Salomon.

– Jusqu'à un million.

– Hé bien, tu vois, mon fils! Pour revenir à ta question sur les mots « potentiellement » et « pratiquement », grâce à ta sœur et à ta mère, te voilà éclairé. Potentiellement, on est très riches, et pratiquement, on a deux putes à la maison.

*

Myriam, la fille de Salomon Bénichou, rentre à la maison toute pâle. Sa mère inquiète la questionne. Tant et si bien que la jeune fille lui avoue qu'elle est enceinte. Rebecca manque de défaillir. Appelé à la rescousse, Salomon n'en croit pas ses oreilles.

– Comment? Ma fille? La chair de ma chair? Enceinte sans être mariée? Tu mériterais que je te renie, lance-t-il à la figure de la jeune fille qui se met aussitôt à verser des litres de larmes.

– Arrête de pleurer, Myriam, lui dit sa mère. Tu es en train de nous inonder le salon. Tu crois que ton père s'appelle Moïse?

La jeune fille sourit de la boutade et se calme. Salomon la prend par les épaules et la regarde droit dans les yeux.

– Et d'abord, dis-moi qui t'a fait ça.

– C'est Jacob Goldenbaum, dit-elle, et je l'aime.

– Bon, gronde Salomon, je vais aller voir ce salopard et je te jure qu'il va t'épouser.

Le lendemain, ayant pris l'adresse du bureau où travaille Jacob Goldenbaum, Salomon s'y rend. Il se retrouve ainsi sur l'esplanade de la Défense devant une gigantesque tour, au sommet de laquelle on peut lire le nom de Goldenbaum en grosses lettres de béton alvéolé précontraint.

– Ça ne m'impressionne pas, marmonne-t-il.

Et il entre dans le bâtiment où il demande à être reçu par le dénommé Jacob. On le fait aussitôt monter dans un ascenseur climatisé qui l'amène directement dans un bureau situé tout en haut de la tour. Une luxueuse moquette en cachemire s'étend sur deux cents mètres carrés. Un homme à la cinquantaine élégante, assis derrière un bureau en bois précieux, se lève et s'approche de Salomon dont il serre la main.

– Bienvenue, cher monsieur Bénichou. Je m'appelle Lévy Goldenbaum. Je suis le père de Jacob. Je devine ce qui vous amène et je suis tout à fait désolé que mon fils n'ait pas eu la délicatesse de vous rencontrer plus tôt. Il avait un déjeuner à Matignon, voilà pourquoi c'est moi qui vous reçois. Bien entendu, et si vous l'acceptez, Jacob épousera votre fille le plus tôt possible. J'ai déjà pour les jeunes mariés un très bel appartement avenue Foch et un charmant manoir en Touraine.

Salomon reste bouche bée. Son menton est en train de lui tomber sur les pieds. Il balbutie quelques mots de remerciement.

– C'est moi qui dois vous remercier de votre compréhension, cher Salomon. Naturellement je m'occupe également d'organiser la cérémonie. Je vous appellerai dès que tout sera prêt, je n'attends plus que la livraison de la Rolls ivoire.

Encore sous le coup de l'émotion, Salomon prend congé du futur beau-père de sa fille. Il entre dans l'ascenseur mais, au moment où les portes vont se refermer, il les arrête.

– Dites, mon cher Lévy, se hasarde-t-il timidement, si ma fille fait une fausse couche, vous lui donnez une deuxième chance?

*

Rebecca Bénichou est invitée par son amie Sarah, femme de producteur, à la cérémonie de remise de la « Palme d'Or » au festival de Cannes. Pour la circonstance, les deux femmes ont mis des robes longues, des colliers, des bagues et des bijoux partout. On dirait des sapins de Noël. Fièrement, elles montent l'escalier d'honneur du palais des Festivals sous les regards intrigués de la foule qui s'étonne de ne pas les reconnaître. Les bijoux de Sarah et de Rebecca brillent sous les feux des projecteurs. Ils lancent des éclairs. Croyant que ce sont des célébrités, les photographes font crépiter les flashes. Enivrée par ce succès inattendu, Sarah se retourne pour saluer la foule comme elle l'a vu faire par les stars. Hélas, aveuglée par les flashes, elle rate une marche, bascule en avant et dévale l'escalier sous les rires de la foule. Arrivée en bas, elle s'étale de tout son long dans un bruit effroyable de verroterie brisée. On l'aide à se relever. Rebecca, inquiète, descend l'escalier à toute vitesse et voit soudain son amie faire le signe de croix.

– Sarah! Tu es folle, dit-elle arrivant près d'elle, essoufflée. Qu'est-ce qui te prend de faire le signe de croix? Ça ne se fait pas chez nous.

– Moi? J'ai fait le signe de croix? s'insurge Sarah. C'est toi qui es folle, Rebecca!

L'autre, troublée, insiste.

– Mais si, je t'ai vue. Tu as mis ta main sur ton front, sur ta poitrine et de chaque côté de ton visage. C'est pas le signe de croix, ça?

Sarah se met à rire.

– Ah, mais non! Je vérifiais l'état du matériel... le diadème, le collier, et les deux boucles d'oreilles.

*

Pour fêter l'anniversaire de sa femme Rebecca, Salomon Bénichou a décidé de l'inviter dans la plus chic boîte de nuit de Paris. En descendant du taxi qui les y dépose, Salomon et Rebecca admirent la façade aux néons clignotants et se rassurent en constatant que la porte blindée est équipée d'un judas.

– J'espère que c'est bien, dit Salomon à sa femme. Je n'y suis jamais venu. Ce sont mes copains, au bureau, qui m'ont indiqué cet endroit.

Un gros « videur » les accueille. Voyant Salomon, il se fend d'un sourire jovial.

– Monsieur Bénichou! Quelle bonne surprise.

Rebecca sursaute.

– Salomon! Tu connais ce monsieur?

– Mais non, ma chérie! Je ne comprends pas!

Ils entrent dans la boîte de nuit. Un maître d'hôtel s'avance.

– Bonsoir, monsieur Bénichou! Je vous donne la table devant la scène, comme d'habitude?

– Devant la scène, comme d'habitude? s'étonne à nouveau Rebecca. Salomon, il te connaît aussi, ce Monsieur?

– Mais non! Je te l'ai déjà dit, je ne suis jamais venu ici.

Tandis qu'ils s'assoient, le garçon s'approche avec un magnum de champagne.

– Bonsoir, monsieur Bénichou! Dom Pérignon 73, comme d'habitude, naturellement!

– Salomon! Tu m'as menti, reprend Rebecca. Tu es déjà venu ici.

– Écoute, Rebecca, grogne Bénichou. Je te sors pour ton anniversaire dans la plus chouette boîte de Paris, on a la table la mieux placée, on nous sert le meilleur champagne et toi, qu'est-ce que tu fais? Tu nous pourris la vie. Je te jure, sur la tête de ma mère, que je ne suis jamais venu dans cette boîte. Alors, bon anniversaire!

Il lève sa coupe. Encore contrariée, Rebecca trinque. A ce moment, le rideau s'ouvre. Sur les feulements sensuels d'un saxophone en rut, une strip-teaseuse agite ses jambons à résille dans la lumière tamisée. Puis elle s'effeuille langoureusement. Brusquement, elle retire son string rouge et le fait tournoyer en l'air en apostrophant le public.

– C'est pour qui, la petite culotte?

La salle se met à scander :

– Bénichou! Bénichou! Bénichou!

Rebecca, outrée, se lève, blême de colère.

– Salomon, hurle-t-elle. Tu m'as humiliée devant tout le monde! Je ne veux plus jamais te revoir!

Et la voilà qui court entre les tables. Elle sort de la boîte de nuit poursuivie par son mari et s'engouffre dans un taxi qui attendait devant la porte. Bénichou réussit à ouvrir la porte du taxi au moment où il allait démarrer et se jette à son tour sur la banquette arrière.

– Rebecca! Je t'en supplie, crois-moi, sanglote-t-il les mains jointes. Que je meure à l'instant si je mens. Je n'ai jamais mis les pieds dans cette boîte de nuit.

– Arrête! Tais-toi! Tu es une ordure, crie-t-elle hors d'elle. Tu n es qu'un crachat, un excrément à pattes. Je te vomis à tout jamais.

Le chauffeur de taxi, qui n'a rien dit jusqu'à présent, regarde alors dans son rétroviseur.

– Dites donc, monsieur Bénichou, dit-il, on en a ramené des salopes tous les deux, mais des vulgaires comme celle-là, jamais!

LES HISTOIRES DU CURÉ

L'abbé Tabondieu, le vieux curé de Saint-Fémoi-les-Burnettes, se sent bien seul. Il a quatre poules et quelques grenouilles de bénitier mais personne à qui parler le soir, pendant le dîner. Voilà pourquoi lorsque l'oiseleur lui propose un perroquet, il accepte de l'acheter.

– Vous verrez, lui dit le marchand, il parle parfaitement bien. Si ça se trouve, vous pourrez même lui faire dire la messe.

– N'exagérons pas, répond le curé, si j'arrive déjà à l'empêcher de répéter les jurons qui m'échappent parfois, je serai bien content.

Fou de joie, l'abbé emporte son perroquet et l'installe au presbytère. Hélas, au bout de trois jours, l'animal n'a pas laissé échapper un mot. Pas même un cri. Il se tient immobile sur son perchoir, triste comme une contractuelle dans une rue sans parcmètre.

– Hé, bien, Coco, lui dit le curé, ma compagnie n'a pas l'air de te réjouir? Je vais essayer de te mettre avec les poules. Nous verrons bien si tu retrouveras ta langue.

Il emmène le perroquet dans le poulailler et le dépose dans la paille près des gallinacées étonnées. A peine a-t-il refermé la porte qu'il entend les poules affolées caquetant et volant en tous sens.

– Caramba, en plein dans le mille! crie le perroquet d'une voix gaillarde.

Le curé rouvre la porte et l'aperçoit en train de lutiner les poules comme un insatiable satyre. Il l'attrape aussitôt par les ailes et l'arrache à ses proies comme un bouchon à une bouteille.

– C'est scandaleux, crie l'abbé. Tu n'as pas honte de te vautrer ainsi dans le péché de la chair.

– La chair de poule, ricane le perroquet, ça me donne des frissons.

– Ah, ah, maintenant tu parles. Alors je te ramène au presbytère.

Hélas une fois de retour dans la maison du curé, le volatile de compagnie sombre à nouveau dans la mélancolie.

– Je veux revoir les poules, bêle-t-il lamentablement.

– Non, répond invariablement le curé.

Mais après deux jours de ce dialogue, l'abbé fléchit.

– D'accord, je vais te remettre avec les poules, dit-il. Mais cette fois, si tu recommences tes frasques sexuelles, je te plume le haut du crâne.

Ceci étant dit, il ramène le volatile dans le poulailler. Mais, à peine a-t-il le dos tourné, qu'il entend les poules paniquées et le perroquet qui braille.

– Caramba, en plein dans le mille!

Le curé bondit et arrache à nouveau le volatile obsédé à ses malheureuses victimes.

– Ah! tu ne veux pas comprendre, lui dit-il, eh bien! chose promise, chose due.

Rageusement, le curé se met à plumer le crâne du perroquet qui crie et se débat comme un beau diable.

– Aïe, arrête, tu me fais mal, sale corbeau de sacristie!

– Ah! je suis un corbeau de sacristie, hurle le curé. Pour t'apprendre à respecter l'église, tu viendras à la messe demain, je te mettrai sur l'harmonium et c'est toi qui placeras les gens. Ce sera ta pénitence.

Le lendemain, tandis que le curé se prépare dans la sacristie, le perroquet enchaîné à l'harmonium place les fidèles sur les bancs.

– Les femmes à droite, les hommes à gauche, pérore-t-il chaque fois que quelqu'un entre.

Et soudain, il hésite. En effet, trois moines à la tonsure luisante viennent de pénétrer dans l'église.

– Hep! là-bas, crie alors le perroquet, les trois violeurs de poules, sur l'harmonium, avec moi.

*

L'abbé Tabondieu est invité à un déjeuner à « l'auberge du Vieux Sapeur » par le club de gastronomes de la ville. Des journalistes et des critiques culinaires sont là, accompagnés de leurs épouses. Un rabbin s'est même joint au groupe. Une joyeuse ambiance anime tout le repas et les mets et les vins sont excellents. Le curé est aux anges car la conversation qu'il entretient avec le rabbin est du plus haut intérêt spirituel. C'est alors que le curé voit son interlocuteur mettre de l'eau dans son vin.

– Hé bien, hé bien, dit-il au rabbin sur un ton de reproche. Vous baptisez votre vin?

– Non, répond l'autre, je le coupe!

La table rit de la saillie.

– Moi, je ne mets jamais d'eau dans le vin de messe, confesse le curé.

– Quelle sorte de vin utilisez-vous? lui demande l'un des convives.

– Un grave blanc, Château La Tour Martillac 84, et de temps en temps Château Carbonnieux 79.

Quelques sifflets admiratifs saluent cette annonce.

– Dites donc, affirme l'un des gastronomes, vous avez l'air de vous y connaître en vins.

– Pas mal, fait le curé que quelques verres entraînent au péché d'orgueil.

– Vous seriez capable d'identifier un cru à l'aveuglette?

– Peut-être!

L'assistance se réjouit déjà de l'attraction inattendue. On place un bandeau sur les yeux du curé et l'on débouche quelques bouteilles de crus exceptionnels, à la plus grande joie de l'aubergiste. Les verres circulent sous le nez du curé qui ne désarme pas.

– Haut-Brion 78!
– C'est exact!
– Bravo, crie l'assistance.
– Pommard cru « Le clos blanc » 85, de chez Machard-Gramont.
– Super bravo, exulte le public.

Cela dure ainsi pendant deux heures. Le curé est incollable, il ne marque même pas une hésitation.

– Attendez, on va l'avoir, glisse alors discrètement un journaliste à ses voisins.

Il se tourne vers la jeune femme qui l'accompagne.

– Chérie, passe-moi ton slip, on va rigoler!

En gloussant comme une pintade, la jeune femme, grisée par l'alcool, s'exécute. Le joyeux farceur fait entrer le slip en boule dans un verre et le tend au curé. Celui-ci étonné passe le verre sous son nez plusieurs fois dans un silence tendu. Et soudain, il sourit, et laisse tomber son verdict.

– Rousse, 27 ans, pas de la paroisse!

*

Le vieux curé a pris sa retraite. Il a laissé sa place au père Gaula, un jeune prêtre frais émoulu de l'abbaye de Saint-Bleugnard. A peine arrivé, le jeune ecclésiastique se met tout de suite à l'ouvrage. Il reçoit ses ouailles en confession. Ce qu'il entend ne le glace pas d'effroi et il réussit à distribuer les pénitences sans que les fidèles aient l'impression de déroger à leurs habitudes. C'est alors qu'arrive la femme du boulanger.

– Je vous écoute, ma fille, dit le jeune curé, l'air aussi blasé qu'une vedette de porno devant une caisse de concombres.

– Bénissez-moi, mon père, parce que j'ai péché. C'est terrible, j'ai honte. J'ai fait une fellation au facteur.

Le jeune curé fronce les sourcils. Voilà un mot qu'il n'a jamais entendu.

– Qu'est-ce que vous avez fait au facteur? demande-t-il.

– Une fellation!

Il réfléchit. Non décidément, ce mot ne lui dit rien.

Mais comme il ne veut pas paraître ridicule, il pousse des cris d'orfraie.

– Oh, quelle horreur! Ma fille, c'est épouvantable. Je vais vous donner une pénitence à la mesure de votre faute. Attendez-moi une seconde.

Le jeune curé sort du confessionnal dans l'intention de chercher le mot « fellation » dans le petit Robert dont il possède la paire – noms propres, noms communs – au presbytère.

– Quelle pénitence donner si je ne sais ce qu'est la faute, se dit-il.

C'est alors qu'il se trouve nez à nez avec Joseph, l'enfant de chœur du curé retraité. Il l'agrippe par la manche de sa chasuble en dentelles.

– Dis-moi, Joseph. Qu'est-ce qu'il donnait le curé pour une fellation?

– Un carambar!

*

Les confessions terminées, le jeune curé sort enfin de son confessionnal. Il trouve alors, sur une chaise, un saucisson oublié sans doute par un fidèle. Voyant deux bonnes sœurs qui s'apprêtent à sortir, il les interpelle:

– Mes sœurs, mes sœurs! Est-ce vous qui avez oublié ça?

Les deux bonnes sœurs s'arrêtent. Le curé les rejoint, saucisson à la main.

– Non, ce n'est pas à nous! répondent-elles.

– Vous ne sauriez pas à qui il peut appartenir? insiste le curé.

Les sœurs réfléchissent et tâtent la pièce de charcuterie d'un air dubitatif.

– Il n'y aurait pas la ficelle, dit alors l'une des sœurs, je penserais au jardinier du couvent.

*

Sœur Odette est toujours en effervescence. Parcourant les routes à toute vitesse avec sa 2 CV, elle rend d'innombrables services. Mais un jour qu'elle est en train de doubler une Porsche 928 GTS dans un virage en coupant la ligne continue, deux gendarmes jaillissent de leur Renault 4 embusquée et lui intiment l'ordre de s'arrêter. La religieuse obtempère en un éclair et freine dans un nuage de poussière, manquant d'envoyer, par la même occasion, la Porsche dans le décor.

– Ça va vous coûter cher! crie le premier gendarme.

– Pardonnez-moi, monsieur l'agent.

– On n'est pas des agents, on est des gendarmes, crie le deuxième pandore excédé.

– Vos papiers, ordonne son collègue.

Blême de confusion, sœur Odette tend sa carte grise et son permis de conduire.

– Il va faire comme les patates, ce permis, ricane vicieusement le gendarme, il va sauter.

– Non, je vous en prie, supplie la religieuse. J'étais pressée. J'ai des piqûres urgentes à faire à la ferme de Mathieu. Demandez à votre chef, le capitaine Friponneau, il me connaît bien.

Dès que le nom du capitaine est prononcé, les gendarmes se radoucissent.

– Vous connaissez le capitaine Friponneau?

– Oui, oui! Appelez-le avec votre radio.

Les deux gendarmes retournent à leur véhicule et appellent le capitaine.

– Mon capitaine, nous avons arrêté la sœur Odette.

– Ah, quel numéro, rigole le capitaine. Laissez-la aller, elle est bien gentille et surtout très dévouée.

– Mais capitaine, réplique le pandore offusqué, elle a doublé sur la ligne continue et dans un virage en plus! Il faut qu'elle soit sanctionnée.

– Bon, dans ce cas vous allez simplement vous approcher de la fenêtre de sa 2 CV et déboutonner votre braguette.

– Mais capitaine...

– C'est un ordre! Exécution! Terminé.

Et le capitaine raccroche. Troublé, le gendarme repose le micro sur son support. Après avoir réfléchi un instant, il s'approche de la fenêtre de la 2 CV.

– Excusez-moi, ma sœur, un ordre est un ordre, dit-il confus en ouvrant sa braguette.

– Oh non, fait la sœur contrariée. Encore l'alcootest!

*

Il y a, près de Saint-Fémoi-les-Burnettes, une riche propriété appartenant à un multi-milliardaire américain. Un jour, il rend visite au curé.

– Mon père, dit-il, je souhaite faire baptiser mon chien.

– Vous êtes fou, répond le curé scandalisé.

– Je vous en prie, cette bête est comme mon enfant, baptisez-la et je ferai restaurer entièrement votre église.

– Pas question, dit le curé. Adressez-vous directement à Rome. Moi, je ne peux rien faire.

Fort de ce conseil, le milliardaire américain se rend au Vatican. Par l'intermédiaire de relations diverses, il réussit à obtenir un entretien avec le Pape.

– Votre Sainteté, lui dit-il, je voudrais faire baptiser mon chien.

– C'est hors de question, répond le Saint-Père.

– Je n'ai jamais pu avoir d'enfant. C'est le seul être vivant qui me soit attaché. Si vous acceptez de le faire baptiser, je vous donne 500 000 dollars pour vos œuvres.

– Non, sortez!

L'œil courroucé, le Pape montre la porte de son bureau au milliardaire qui se voit reconduit par deux gardes suisses. Il ne se le tient pas pour dit et décide d'aller voir chez les Musulmans qui le menacent de le loger à la même enseigne que Salman Rushdie. Même refus catégorique des Bouddhistes, des Indouistes, des Shintoïstes, des Protestants, des Orthodoxes et des Tcétéras. Jusqu'au jour où il arrive à Jérusalem. Il est reçu comme par les autres par le Grand Rabbin.

– Je vous donne 800 millions de dollars si vous faites circoncire mon chien, dit l'Américain sans grande conviction.

– Ce n'est pas possible, désolé, fait le Rabbin en reconduisant illico son visiteur vers la sortie.

– Je vous donne toute ma fortune, supplie le milliardaire. Il y en a pour sept milliards et demi.

Le Rabbin manque de s'étrangler.

– C'est quoi, comme chien? demande-t-il.
– Un doberman.
– Ah bon, fait le Rabbin brusquement souriant, mais il fallait me dire tout de suite que sa mère était juive.

LES HISTOIRES DE MATTHIEU

Un vieux berger veut prendre sa retraite. Pour le remplacer dans les pâturages, il fait venir son neveu Matthieu. Le pauvre garçon étant aussi intelligent qu'un plat de nouilles, il lui explique par le menu comment garder les moutons.

– Parfois, le soir, la solitude pèse dans la pâture. Alors, si tu t'ennuies, je te conseille de prendre la brebis avec la tache noire sur l'œil. Elle a l'habitude.

Là-dessus, il s'en va, laissant l'autre benêt seul avec ses bêtes. A peine le vieux berger a-t-il disparu sur le chemin qui le mène au village que Matthieu s'approche de la brebis à tache noire.

– Tu m'as l'air bien mignonne, toi, lui glisse-t-il à l'oreille.

– Mêêê, répond la bête avec un regard rappelant celui de la Woolmark, c'est-à-dire label et laine[1].

C'en est trop pour Matthieu. Il se laisse aller avec la brebis car sa chair est faible et le gigot paraît tendre. Mais trois jours plus tard, notre berger novice se lasse

1. La belle Hélène.

déjà de sa conquête et le voilà qui en essaie une autre, puis le lendemain encore une autre.

Au bout d'un mois de ce régime, Matthieu commence à se lasser de son harem laineux. Apercevant alors le bélier en train de brouter l'herbe tendre, son imagination vagabonde. Il se dit que l'expérience vaut d'être tentée. Approchant du bélier par surprise, il lui saute au râble en se cramponnant aux cornes. La pauvre bête, que ces mœurs rebutent profondément, bondit dans tous les sens en bêlant de rage. Mais Matthieu tient bon. Le bélier fou furieux décide alors de dévaler au triple galop la pente qui mène au village. Là, trois vieux paysans myopes, assis sur un banc, voient arriver dans un nuage de poussière Matthieu culotte au vent chevauchant son bélier cramponné aux cornes. L'un d'eux, que le passage du bolide laineux vient de décoiffer, déclare alors avec dépit :

– Regardez-moi ces jeunes. Ils ont rien à se mettre sur le cul et ils s'achètent des grosses motos.

*

C'est la fête à la ferme. Sylvette vient d'épouser Matthieu. Elle est contente mais inquiète. Alors, pendant que son mari massacre un paso doble avec la tante Henriette, Sylvette prend sa mère à part.

– Maman! J'aimerais bien savoir... Comment va se passer la nuit de noces?

– C'est très simple, ma fille, répond la mère. Ce soir, tu iras dans la chambre, tu te coucheras et lorsque ton mari te rejoindra, tu le laisseras faire. Tu connaîtras alors les vraies joies de l'amour.

Rassurée, Sylvette se couche le soir venu et attend son mari. Matthieu entre dans la chambre, le costume de noce entièrement débraillé. Il rote comme un goret, retire ses chaussures et s'effondre dans le lit dans un colossal ronflement.

Le lendemain matin, Sylvette, déçue, va voir sa mère et lui déclare qu'entre les joies de l'amour et ce qu'elle vient de vivre « il y a loin de la croupe au lièvre » comme disait une tortue nymphomane [1].

– Ma fille, pour éveiller en ton mari le désir charnel, je crois qu'il va falloir pendre le tonneau par les cordes, dit la mère qui a des lettres. Ce soir, tu vas te coucher. Si ton mari ne te touche pas, demain matin, au chant du coq, tu entrouvres les volets de ta chambre pour qu'un rayon de soleil tombe sur le lit et éclaire l'endroit le plus intime de ta personne. Ensuite, tu réveilles Matthieu en lui montrant l'objet du désir et là, crois-moi, il va comprendre.

Le soir, Sylvette retourne se coucher. Matthieu arrive, enlève ses sabots, se couche et s'endort sans même avoir regardé sa femme. Le lendemain, « cocorico », Sylvette se lève. Elle ouvre la fenêtre et laisse entrer le rayon du soleil qui tombe sur le lit comme prévu. Elle s'allonge toute nue dessous, cadre bien l'éclairage sur l'endroit précisé par sa mère et réveille son Matthieu. L'autre grogne.

– Quoi donc? Qu'est-ce que t'as à me réveiller comme ça, la Sylvette?

Un tendre sourire aux lèvres, la jeune épousée lui désigne la toison légère que les rayons du soleil irisent délicatement.

– Regarde!

Sursautant, le rustre prend alors son sabot, le brandit et juste avant de l'abattre il s'écrie :

– Araignée du matin, chagrin!

*

Matthieu a acheté une poule à la foire de Chavignal-Glaiseux. Tout content de sa nouvelle acquisition, il la porte dans l'étable, la présente à ses vaches Noireaude et Roussette puis il la pose dans la paille en salivant déjà à l'idée de l'œuf à la coque qu'il va déguster bientôt.

Le lendemain matin, Matthieu revient dans l'étable. Sans un mot, il glisse une main gourmande sous la poule qu'il réveille en sursaut. Pas d'œuf. Matthieu hausse les épaules et s'en retourne désabusé.

---

1. La Fontaine.

Le lendemain encore, Matthieu réveille la poule et lui glisse à nouveau une main experte comme le fait un masseur à une hulotte bien suave. Rien. Le paysan ronchonne et sort.

Le lendemain matin, Matthieu revient et palpe sans vergogne le fondement du gallinacé scandalisé qui, cette fois, caquette pour protester. Il va même jusqu'à introduire un médium fouineur dans l'innocent oviducte. Hélas, pas plus d'œuf dans la poule que de pitié dans le cœur d'un banquier. Matthieu s'en va furieux. La poule, vexée, se tourne alors vers les deux vaches.

– Dites donc, la Noireaude et la Roussette! Je trouve que notre maître a des manières bien cavalières. Tous les matins, il me met la main au panier. Il pourrait tout de même dire un mot gentil.

– Oh tu sais, répond la Roussette désabusée, tous les soirs, depuis huit ans, il nous pelote les mamelles, mais jamais il ne nous a embrassées.

*

Le lendemain, il y a comme toujours un monde fou à la foire. Matthieu s'arrête devant un enclos où l'on vend des porcs.

– Tiens! J'achèterais bien quelques cochons. Ils me feraient des petits, je les engraisserais et ça me ferait des jambons, des saucisses et du lard.

Il achète donc cinq cochons, il les juche dans sa camionnette et il les emmène à la ferme où il les installe dans la porcherie. Mais, contrairement à son attente, son cheptel porcin ne s'agrandit pas. Matthieu appelle alors le vétérinaire qui, regardant les porcs, éclate de rire.

– Ils ne risquent pas d'avoir des petits, tes cochons. Ce sont des truies.

– Des truies, répète Matthieu qui n'avait pas pensé à cet aspect des choses. Ben alors, qu'est-ce qu'il faut que je fasse?

– Il faut que tu leur achètes un mâle, lui explique le vétérinaire.

– Mais c'est que ça coûte cher, un mâle.

– Je ne vois pas comment faire autrement pour avoir des petits cochons, fait le vétérinaire. Ou alors, il faut les faire toi-même.

En rigolant, il monte dans sa voiture et s'en va. Matthieu réfléchit.

– C'est pas bête ce qu'il m'a dit le vétérinaire. J'ai qu'à les faire moi-même. C'est pas bien ragoûtant mais c'est pas cher.

Pour se donner du courage, il se vide une demi-bouteille de gnôle dans le gosier puis il achète cinq numéros de *Playboy*, dont il colle les pages centrales sur le dos des bêtes. Ensuite, prenant garde à ce que sa femme Sylvette ne s'aperçoive de rien, il charge les cinq truies dans sa camionnette et les emmène en chantant [1] dans le petit bois derrière le champ de luzerne. Le soir, il les ramène à la porcherie et attend. Le résultat se faisant naturellement attendre, Matthieu recommence quelques semaines plus tard. Hélas, pas plus de porcelets dans les truies que de larmes dans l'œil d'un polyvalent. Inquiet, Matthieu téléphone au vétérinaire.

– Dis donc, comment qu'on voit qu'une truie est enceinte?

– C'est simple, dit le vétérinaire. Si tu la vois s'allonger à l'ombre, c'est qu'elle est pleine.

Matthieu raccroche et fonce à la porcherie. Il charge les cinq truies dans la camionnette, les conduit encore une fois dans le petit bois et recommence la corvée. Les écureuils, les taupes, les lapins, les corbeaux, tout le monde est au rendez-vous du peep-show champêtre. Crevé, Matthieu ramène les truies et les parque dans un enclos qu'il a construit autour d'un arbre, pour avoir de l'ombre. Mais le lendemain, le pauvre homme, épuisé, n'arrive pas à se lever. Il a tellement de valises sous les yeux que Sylvette est prête à appeler un porteur.

– Ben, mon pauvre Matthieu, dit-elle, t'as l'air détruit.

– A propos des truies, lui dit son mari. Regarde donc par la fenêtre et dis-moi si elles sont à l'ombre.

La fermière va à la fenêtre.

– Ah non, elles sont pas à l'ombre, tes truies, remarque

1. Des « chansons de saillie », comme on dit au lycée.

Sylvette, elles sont toutes les cinq dans la camionnette et y'en a même une qui klaxonne.

*

Matthieu s'est laissé entraîner à Paris par des copains agriculteurs pour manifester devant le ministère de l'Agriculture. Ils déversent des tombereaux de bouses de vache sur la chaussée et lancent des poulets sur les CRS qui n'osent pas taper dessus, leur trouvant un air de famille. Emporté dans ce tourbillon, Matthieu finit par rater le train qui devait le ramener à sa ferme. Il se retrouve dans les rues de la capitale, à minuit, aussi perdu qu'un pâté impérial dans une choucroute strasbourgeoise. Il entre donc dans le premier hôtel venu dont l'aspect louche rappelle un hôtel borgne.

– Bonjour, M'sieur, dit Matthieu, je voudrais une chambre pour dormir.

– C'est complet, lâche laconiquement le gardien de nuit sans quitter des yeux sa télé, où un boxeur fait tellement de courants d'air en tapant à côté de son adversaire qu'il va finir par l'enrhumer.

– M'en fous, j'en veux une quand même, gronde Matthieu en tapant sur le comptoir.

Furieux de se voir ainsi troublé dans son activité télésportive, le gardien lève les yeux.

– Vous ne vous êtes pas bien nettoyé les cages à miel. Je viens de vous dire que j'ai pas de chambre.

– Bon, dit Matthieu, puisque c'est comme ça, je vais dormir dans l'entrée, debout comme les chevaux!

– Il commence à me cavaler sur les gonades, celui-là, s'énerve le gardien.

Il se lève et feuillette rapidement son livre.

– Ah, je crois que j'ai quelque chose, découvre-t-il soudain. A la 18, il y a un Gabonais qui dispose d'un grand lit. Je vais lui demander s'il veut pas vous faire une petite place, vu qu'il est tout seul.

Le gardien compose un numéro sur le cadran de son téléphone.

– Allô? fait une grosse voix furieuse.

– Excusez-moi de vous déranger, Monsieur, mais j'ai ici un paysan français qui voudrait passer la nuit. J'ai plus de chambre. Est-ce que vous pourriez lui laisser une petite place dans votre lit?

– Oui, d'accord, répond le Gabonais, mécontent, mais vous lui dites de pas faire de bruit parce que je suis en train de dormir présentement. Il faut pas qu'il me réveille sinon je suis joli fâché beaucoup.

Et il lui raccroche au nez.

– Vous pouvez y aller, dit le gardien à Matthieu, en raccrochant à son tour.

– Ah vous voyez, quand on veut s'en donner la peine! Surtout réveillez-moi demain matin à sept heures pour que je prenne mon train. Allez, bonne nuit.

Matthieu monte au premier étage. Il entre dans la chambre 18 mais à peine a-t-il ouvert la porte que le Gabonais se met à gueuler.

– Je t'ai dit de pas me réveiller. N'allume pas la lumière. Viens te coucher tout de suite et fais dodo. Si tu m'empêches de dormir, je te jette un sort avec mes gris-gris, maudit Blanc.

Paralysé de trouille par l'Africain dont il ne voit que les deux yeux blancs qui roulent dans l'obscurité, Matthieu se déshabille en silence. La chaleur est telle qu'il n'hésite pas à se mettre au lit entièrement nu. Épuisé, il s'endort comme une masse. Mais le Gabonais s'énerve :

– Le voilà qui ronfle, maintenant! On dirait le bateau à moteur qui amène les provisions au village sur la rivière. Et en plus, j'ai laissé la fenêtre ouverte à cause de la chaleur et la lune vient éclabousser son grand corps de Blanc dodu. Ça me fait de la lumière, ça m'empêche de dormir.

Fou de rage, le Gabonais s'est levé. Il fouille dans sa valise.

– Attends, maudit Blanc, dit-il. Je vais enduire ton corps avec du cirage. Comme ça, tu ne me feras plus de réverbérisations.

Il entreprend de badigeonner Matthieu des pieds à la tête, à l'aide d'un chiffon et d'un tube de cirage bien noir. Son travail terminé, il se recouche en marmonnant.

– Cette fois, si jamais il me réveille, je lui jette un sort avec mes gris-gris.

Le lendemain matin, le téléphone sonne. Matthieu décroche. La voix du gardien claironne :

– Il est sept heures, Monsieur! Oubliez pas votre train.

– Ah merci, fait Matthieu, la bouche pâteuse.

Il se lève aussitôt et prend ses affaires.

– Vingt dieux! Faut pas que je réveille l'autre, murmure-t-il, sinon il va me jeter des harengs saurs avec ses petits gris.

Il entre silencieusement dans la salle de bains, referme la porte, allume la lumière et aperçoit soudain son visage plein de cirage dans la glace.

– Oh! C'est pas vrai, crie-t-il, paniqué. Le patron s'est gourré, il a réveillé le Noir.

*

Matthieu s'aperçoit un jour que sa jument a les yeux qui tournent. Il fait venir le vétérinaire.

– J'ai jamais rien vu de pareil, dit ce dernier.

A tout hasard, il prescrit un remède de cheval. Hélas, rien n'y fait.

Les yeux de la jument continuent de tourner.

– Emmène-la au rebouteux, lui conseille Sylvette.

Matthieu, n'ayant pas d'autre solution, conduit donc sa jument chez le vieux sorcier qui habite une sombre bâtisse à quelques kilomètres de la ferme.

– Je vois ce que c'est, fait le rebouteux.

Il ouvre une grande armoire où sont rangés divers instruments et des bocaux contenant des viscères de crapauds, des moustaches de lynx et des testicules de rat. Il attrape un gros tuyau qu'il enfonce dans la croupe de la jument.

– Placez-vous devant votre bête, dit-il à Matthieu, et dites-moi quand ses yeux cesseront de tourner.

Et le voilà qui souffle avec force dans le tuyau. Aussitôt, les yeux de la jument s'arrêtent de tourner.

– Oh ben ça alors, fait le paysan, comment que vous avez fait?

– J'ai soufflé dans le tuyau, mon brave.

– Combien que je vous dois?

– Mille francs.

Matthieu manque de s'évanouir. Il paye et ramène sa jument à la ferme. Mais le lendemain matin, la voilà qui rechute. Pour éviter d'avoir recours aux services onéreux du rebouteux, Matthieu appelle le vétérinaire.

– Je vais lui mettre ce tuyau dans le troufignon et tu vas y souffler dedans, dit Matthieu. Moi, je vais voir devant si ses yeux arrêtent de tourner.

Le vétérinaire s'étonne mais pour faire plaisir à Matthieu, il souffle à pleins poumons.

– Ça marche pas! Tu souffles pas assez fort.

Matthieu retourne derrière la jument. Il retire le tuyau et le renfile dans l'autre sens dans la croupe de l'animal.

– Pourquoi tu fais ça? demande le vétérinaire.

Matthieu le regarde de haut.

– Tu crois tout de même pas que je vais mettre ma bouche où t'as mis la tienne!

*

Le président de la République est nerveux. Il est à la veille d'une importante consultation électorale. Son conseiller personnel lui suggère d'aller se détendre à la campagne. L'idée séduit le président dont l'imagination se met aussitôt à galoper.

– Trouvez-moi une ferme.

– Une ferme? Pourquoi faire?

– On me reproche d'être loin des Français. Je veux avoir les pieds dans la crotte pour me sentir plus proche d'eux.

L'Élysée cherche alors une ferme et tombe sur celle de Matthieu. Et un beau jour, dans la cour de la ferme, le coq vient à peine de chanter qu'arrive une grande Safrane toute noire. Le président en descend, le chauffeur lui donne son sac de voyage et s'en va. Matthieu s'avance pour accueillir son hôte. Le président lui serre la main.

– Vite, cher Matthieu, donnez-moi du travail. J'ai hâte de me plonger les mains dans la bouillasse.

– Je va vous arranger ça! répond Matthieu.

D'un doigt noueux dont on devine, à la couleur, qu'il a

dû visiter bien des endroits depuis ce matin, il désigne un énorme tas de fumier.

– Il faut épandre le fumier sur le champ labouré qu'est derrière le petit bois. V'là eune berouette, v'là eune fourche et tâchez de pas traîner, la soupe est à six heures. Salut.

Matthieu laisse le président devant son tas de fumier, la brouette dubitative et la fourche hésitante. Après un instant de réflexion, notre président prend sa tâche à bras-le-corps. Vers onze heures, il rejoint Matthieu devant qui il dépose la brouette vide et la fourche en lançant un victorieux « voilà ! » Le masque impénétrable du paysan s'écarquille d'étonnement.

– Déjà !

– Venez voir vous-même, dit le premier Français, très fier de lui.

Les deux hommes se dirigent vers la cour. Surprise : la fosse à fumier est vide. Seuls quelques brins de paille, traînant de-ci de-là, témoignent de l'ardeur avec laquelle le labeur fut effectué. Incrédule, Matthieu se dirige vers son champ. En apercevant les fumerolles éloquentes qui s'élèvent derrière le petit bois, il ne peut que se rendre à l'évidence : le fumier a été répandu de main de maître. Il se tourne vers le président et d'un air épaté – et même épaté de campagne – il lui lance un admiratif « Chapeau ». Gonflé à bloc par cet éloge, le président sautille.

– Donnez-moi encore du travail. Encore, encore !

– Vous affolez pas, le travail manque pas à la ferme. Venez avec moi.

Matthieu dirige son hôte vers la grange d'un pas décidé. Arrivé là, il désigne un grand tas de pommes de terre.

– Voyez ces patates. Faut les trier. Faut mettre les petites à droite et les grosses à gauche. Bon courage ! Sans un mot de plus, le paysan tourne les talons, laissant le président à son ardeur qui semble toujours aussi intense.

Quelques heures plus tard, alors que le soleil s'apprête à se coucher dans un lit de brumes montantes, Matthieu entre dans la cuisine. Sa femme Sylvette est en train de mettre le couvert.

– T'as point vu le président, la mère ? demande Matthieu.

– Pas de l'après-midi, répond-elle.
– Je va voir ce qu'il fait, décide Matthieu, inquiet.

Et il sort. En arrivant dans la grange, quelle n'est pas sa surprise de voir le président assis sur un tabouret, faisant passer une patate de taille moyenne d'une main dans l'autre d'un air indécis. Il a posé seulement quatre petites patates à sa droite et six grosses à sa gauche. Matthieu n'en croit pas ses yeux. Il reste là, le souffle court, les bras ballants.

– Ben alors, m'sieur le président. Je comprends point. Le matin, vous épandez dix tonnes de fumier en trois heures alors qu'à moi il faudrait trois jours et, l'après-midi, il vous faut cinq heures pour trier neuf patates.

– Que voulez-vous, répond le président de la République, je suis comme ça. Pour semer la merde, ça va, mais pour prendre une décision...

*

Matthieu est debout devant son pré. Ses vaches, Roussette et Noiraude, ruminent d'un air triste. Le vétérinaire lui a dit :

– Faut les mener au taureau, ces bêtes-là!

Alors Matthieu est allé louer Brutus, le taureau du voisin. A peine le bestiau voit-il la Noiraude et la Roussette, qu'il meugle furieusement. Cupidon vient de lui envoyer une flèche en plein cœur, c'est l'amour qui frappe à l'aorte. Le mâle en rut fait son office, il semble même insatiable puisqu'il saute d'une vache à l'autre. Mais, brusquement lassé, le voilà qui saute la clôture et, sous les yeux ahuris du paysan, fonce vers le chien à qui il fait subir le même sort qu'à la vache. Le pauvre Médor hurle, tassé au fond de sa niche. Et le taureau continue. Il entre dans le poulailler et viole les poules, puis c'est le tour du chat, des lapins et même de Sylvette. Lorsque, alerté par les cris de sa femme, Matthieu arrive pour la secourir, la pauvrette gît au milieu du linge qu'elle s'apprêtait à étendre. Il essaie de la relever mais soudain, il sursaute.

– Bon sang! Et mon âne, Aliboron! Il est dans le pré. Si jamais le taureau le voit, il y passe aussi.

Matthieu lâche Sylvette qui tombe, pâmée, assise dans sa bassine. Il attrape un drap blanc et court vers le pré. Dieu merci, l'innocent baudet n'a pas encore fait connaissance avec l'ardeur printanière du bovin obsédé. Matthieu pose alors le drap blanc sur son âne afin de le cacher aux regards de Brutus.

– Bouge pas, Aliboron, et ne fais pas de bruit, lui souffle-t-il à l'oreille. Si le taureau vient, il croira que tu es un tas de draps blancs.

Et le Matthieu retourne secourir la Sylvette. Mais au moment où il réussit à la sortir de la bassine, il entend les cris sauvages du bovidé en rut mêlés à ceux d'Aliboron.

– Mon âne! s'exclame Matthieu.

Il lâche sa femme, qui retombe dans sa bassine, et fonce à nouveau vers le pré. Horreur. Aliboron a disparu ainsi que son agresseur. Seules quelques traces de petits sabots mènent Matthieu droit au village. Désespéré, il passe devant le café où sont attablés ses amis.

– Vous n'avez pas vu un tas de linge? leur crie-t-il.

– Un tas de linge? s'étonnent les autres.

– Oui, avec mon âne dessous, avoue Matthieu.

– Ah, ton âne! Oui, on l'a vu, ton âne.

– Comment qu'elle allait cette pauvre bête?

– Bien, bien.

– Il avait quand même un truc un peu bizarre, dit l'un des gars en se grattant le menton.

– Un truc bizarre? Cré nom! Quoi donc, s'inquiète Matthieu.

– Pas grand-chose, continue le gars, juste un petit mouchoir blanc qui lui sortait de la croupe.

*

Un matin, alors que Matthieu est en train de nettoyer la porcherie, une voiture s'arrête devant la ferme. Un touriste en short en descend, tenant une carte routière dépliée.

– Pardon, Monsieur, dit-il à Matthieu avec un fort accent allemand. Nous sont perdus. Pouvez-vous dire où la route du grosse Paris?

– C'est pas dur, répond Matthieu. Vous faites demi-tour et vous prenez au stop à gauche. Et puis, à Chavignal-Glaiseux, vous suivez la direction Janblines jusqu'à Troupignon-sur-Bouzagne. Et puis, là, vous demandez, vous pouvez pas vous tromper.

En essayant de retenir tous ces renseignements, l'Allemand s'apprête à s'installer derrière son volant lorsqu'il aperçoit, sortant de la porcherie, un cochon dont l'une des cuisses a été remplacée par une jambe de bois.

– Bizarre cochon, dit-il à Matthieu. Pourquoi, lui, jambe de bois?

– C'est toute une histoire, mon bon Monsieur, explique Matthieu. Ce cochon, c'est pas un cochon comme les autres. D'abord, l'année dernière, ma fille Josette était tombée dans la rivière. Le cochon a entendu ses cris, il s'est précipité dans l'eau et il a ramené la petite.

– Ah! fait le touriste, épaté.

– Et puis, il y a un mois, le feu a pris dans la grange pendant la nuit, continue Matthieu. Eh bien, le cochon nous a réveillés et, pendant qu'on descendait, il a fait pipi sur la paille pour ralentir l'incendie.

– Ya, ya, approuve le touriste, de plus en plus épaté. (Et pourtant, dans ses voyages, combien a-t-il été épaté de fois!)

– Et hier, Monsieur, figurez-vous qu'un renard s'était introduit dans le poulailler. Eh bien, mon cochon l'a égorgé sans abîmer la peau pour que ma femme puisse le mettre autour de son cou, cet hiver, en allant à la messe.

– Colossal finesse, commente l'Allemand. Mais ça explique pas pourquoi jambe de bois!

– Vous pensez bien, mon pauvre Monsieur, dit Matthieu plein de compassion, qu'un cochon comme ça, on peut pas le manger d'un seul coup.

*

– Vous en faites, une tête, mon brave Matthieu, dit le curé en passant à vélo près de la ferme.

Matthieu, qui est en train de donner du foin aux lapins, hoche la tête.

– C'est qu'il m'en est arrivé une drôle, répond-il.

Toujours à l'affût de racontars, le curé descend de vélo et s'approche du paysan.

– Que vous est-il arrivé, mon pauvre?

– Ben voilà, commence Matthieu. Hier matin, avec Sylvette, on était en train de prendre notre déjeuner quand tout d'un coup, voilà-t-il pas qu'un étranger entre dans la cuisine. Il dit pas un mot, il m'attache à ma chaise et, toujours sans un mot, il saute sur la Sylvette et se met à la déshabiller. Alors, elle lui dit : « Mais qu'est-ce que vous faites ? » Il répond rien. Pas un mot. Et pis, voilà qu'il la viole sur la table, devant moi, au milieu du casse-croûte. Et la Sylvette qui crie parce que les miettes de pain lui grattent le dos. Alors je gueule. « Arrêtez. Qu'est-ce que vous faites ? » Il répond rien. Pas un mot. Et après il se rhabille et il sort de la cuisine sans rien dire. A ce moment-là, je réussis à me dégager un bras, je me libère et je sors de la cuisine à la poursuite du gars. Je le vois au milieu de la cour de la ferme. Alors, je crie : « Non mais, ça va pas ? Pourquoi que vous avez fait ça ? » Le gars, il se retourne, il me regarde et il répond rien. Pas un mot. Et il s'en va. Hé bé ! vous voulez que je vous dise, monsieur le curé...

– Oui, fait le curé en appétit.

– Ce gars-là, on saura jamais pourquoi il était venu.

*

Première soirée d'été à la ferme. Il fait bon. L'odeur des blés presque mûrs flotte dans l'air. Les grillons stridulent dans la rougeur sombre du soleil couchant qui transforme l'horizon en pub pour AVI 3000. Matthieu et Sylvette, en admiration devant le spectacle, ont envie de chanter *I'm a poor lonesome cow-boy.*

– Tu as vu l'étoile du Berger comme elle brille? demande Sylvette en pointant son doigt vers un point lumineux au-dessus de l'horizon.

– C'est pas l'étoile du Berger, répond Matthieu, c'est un avion.

– Mais non, insiste Sylvette. Je te dis que c'est l'étoile du Berger.

– Alors, pourquoi qu'elle bouge?

Au grand étonnement de Sylvette, l'étoile en question est devenue très grosse et elle avance vers le couple de paysans brusquement inquiets.

– Vingt dieux, c'est un « bovni »! s'exclame Matthieu.

En effet, l'étoile en question est un énorme vaisseau spatial qui, baignant dans une lumière laiteuse, vient se poser d'une traite au milieu de la cour de la ferme. Matthieu et Sylvette, muets d'admiration, voient alors sortir de l'engin un couple d'humanoïdes vêtus de combinaisons moulantes.

– N'ayez pas peur, dit l'extraterrestre mâle. Nous sommes simplement en visite.

– Sur notre planète, nous sommes cultivateurs, précise la femme. Nous voulions connaître un couple de cultivateurs terriens.

– Vous tombez bien, fait Matthieu, y'a pas plus terriens que nous. Hein, Sylvette?

– C'est vrai. Mais restez pas dehors, on va prendre le café.

– J'espère qu'on ne vous dérange pas, dit l'homme de l'espace.

– Pas du tout, répond Matthieu, très aimable, on avait envisagé de faire des galipettes avec la Sylvette, vu que cette chaleur, ça échauffe la viande. Mais on peut remettre ça à plus tard.

– Ah! vous faites aussi l'amour? s'étonne la femme de l'espace.

– Ben, je veux, fait Matthieu, toujours poète.

Les deux extraterrestres se regardent, complices.

– Nous aimerions compléter notre expérience de la terre, dit l'homme. Si vous l'acceptez, Monsieur, je vais passer la nuit avec votre femme. En échange, vous passerez la nuit avec la mienne.

Matthieu et Sylvette hésitent. Mais le programme de la télé est tellement nul ce soir-là qu'ils acceptent. Tandis que Matthieu et la visiteuse entrent dans une chambre, Sylvette et son compagnon se déshabillent dans une autre chambre.

– Vous n'avez pas l'air très différents de nous, dit Sylvette, intimidée, en regardant de plus près l'extraterrestre. Comment fait-on l'amour sur votre planète?

– C'est très simple, dit l'homme. La taille du sexe masculin peut varier en manipulant les oreilles de l'homme. Regardez.

Ce disant, l'extraterrestre se tord l'oreille droite. Il se retrouve aussitôt nanti d'un appendice génital de la taille d'une andouille de Guéméné. Il se tord alors l'oreille droite et l'appendice rétrécit.

– C'est fou, dit Sylvette, admirative, en s'approchant de l'homme...

Mais tirons un voile pudique sur la nuit qui s'ensuit et dont Jean-Claude Bourret relate les détails dans son livre *Un coup de barre, Mars, et ça repart*. Le lendemain matin, lorsque Sylvette et Matthieu s'éveillent, leurs visiteurs ont disparu. Ils se retrouvent tous deux dans la cuisine devant leurs bols de café.

– Quelle nuit! fait Sylvette, encore émue.

– Mouais, ronchonne Matthieu.

– Tu n'as pas l'air content?

– Tu parles. Ah! on m'en recausera de l'amour extraterrestre.

– Moi j'ai passé un moment inoubliable, dit Sylvette, rêveuse.

– Je sais pas ce qu'il t'a fait, l'autre, dit Matthieu un brin jaloux, mais la Martienne, elle a passé toute la nuit à me tripoter les oreilles.

*

Matthieu a enfin réussi à comprendre le mode d'emploi du devoir conjugal. Sylvette est enceinte. Malheureusement, elle l'est jusqu'au gosier. La pauvre se traîne des journées entières, les mains sur les hanches pour porter tant bien que mal son énorme ventre. Elle commence à regretter d'avoir refusé la brouette que lui a proposée Matthieu. Elle devient tellement grosse qu'un soir, en s'effondrant de fatigue dans le lit, elle manque d'écraser son mari.

– Eh! doucement, grogne celui-ci sans pitié. C'est un lit, c'est pas une baleinière.

– J'ai mal, tu sais, Matthieu, pleurniche Sylvette. J'ai bien l'impression que c'est pour cette nuit.

Et, brusquement, la voilà qui hurle comme une sirène de police dans un épisode de feuilleton américain.

– Ah ! Ça y est ! Je va mettre au monde ! Vite, appelle le docteur !

– Vingt dieux, s'écrie Matthieu en se jetant sur le téléphone comme Starsky sur son 357 Magnum.

– Ça répond pas, fait-il paniqué. Tant pis, j'appelle le vétérinaire.

– Appelle qui tu veux, mais vite, brâme la pauvre Sylvette.

Dieu merci, le vétérinaire répond à l'appel.

– Emmène ta femme dans l'étable que je me sente à ma main, dit-il à Matthieu.

Le fermier raccroche, allume une lampe-tempête et conduit sa femme dans l'étable. Quand il ouvre la porte, les vaches meuglent.

– Vos gueules, la Noiraude et la Roussette, y'a ma femme qui va vêler.

Disant cela, il couche Sylvette dans la paille fraîche et pose sa lampe dans un coin. A cet instant, la 2 CV du vétérinaire arrive dans la cour. Celui-ci en descend, sacoche en main, et pousse la porte de l'étable. Les vaches meuglent.

– Salut, les filles, lance le vétérinaire.

Puis il s'approche de Sylvette qui respire comme un soufflet de forge, ainsi qu'elle l'a appris au stage d'accouchement du club de santé départemental.

– Éclaire-moi, dit le vétérinaire en enfilant des gants de latex. Voilà le petit qui arrive.

Matthieu, impressionné, approche sa lampe-tempête en fermant les yeux. Le cri d'un bébé les lui fait rouvrir aussitôt.

– Oh ! un garçon, dit-il, ému, en contemplant le bambin gluant qui braille entre les mains du vétérinaire.

– Mince, y'en a un second, fait ce dernier, rapproche ta lampe.

Effectivement, un deuxième enfant se présente.

– C'est une fille.

– Mon portrait tout craché, fait Matthieu, qui n'en revient pas.

– Oui, constate le vétérinaire, la pauvre !

Il pose la fillette près de son frère.

– C'est pas possible, fait-il brusquement, y'en a encore un.

Un troisième enfant se présente, en effet. Mais aussi un quatrième, un cinquième, un sixième, un septième, un huitième. Alors Matthieu, épouvanté, soulève le verre de sa lampe et souffle la flamme qui s'éteint.

– Pourquoi que t'éteins la lumière? crie le vétérinaire. Je vois plus rien.

– J'éteins parce que ça les attire!

*

Matthieu est fier de la moissonneuse-batteuse toute neuve qu'il a achetée à crédit. Elle trône, rutilante, sous l'élégant hangar couvert de tôle ondulée qui lui sert d'abri. Octave, l'un des nombreux enfants de Matthieu et Sylvette, vient voir son père.

– Papa, j'ai l'âge de conduire, je voudrais que tu m'achètes une décapotable.

– Une décapotable, grogne Matthieu. Avec le sida? Il est pas bien, ce gamin. Et pis, de toute façon, la moissonneuse est pas encore payée.

– Mais comment que je va faire pour emmener les filles au bal?

– T'as qu'à y aller à pied, répond Matthieu en guise de conclusion.

Mais Octave est comme son père. Il reste collé à son idée comme un chewing-gum sous un strapontin. Quelques jours plus tard, il vient voir son père dans le potager.

– Papa, j'ai bien réfléchi. Si tu veux pas m'acheter de voiture, je comprends. Mais achète-moi au moins une moto.

– T'auras une moto quand la moissonneuse sera payée, riposte Matthieu.

– Mais, avec une moto, j'aurais pu emmener une fille au bal, geint Octave. Comment que je va faire maintenant?

– T'as qu'à y aller à pied, répond placidement Matthieu.

Mais Octave ne se le tient pas pour dit. Il revient à la charge quelques jours plus tard, au moment du dîner.

– Et un vélo, papa. Si tu m'achetais un vélo?

– Non, répond Matthieu, exaspéré. T'auras un vélo quand la moissonneuse sera payée.

– Mais la fille et moi, on irait au bal à vélo! argumente Octave.

– T'as qu'à y aller à pied, répond Matthieu, imperturbable.

Furieux, Octave sort de table. Il traverse la cour de la ferme à grands pas. A cet instant, il croise le coq qui, pris d'une bouffée de chaleur, est en train d'essayer de monter sur une poule. Octave envoie un grand coup de pied dans le postérieur du volatile qui atterrit dans le tas de fumier.

– Tant que la moissonneuse sera pas payée, crie-t-il, toi aussi, t'iras à pied.

LES HISTOIRES D'UN VIEUX COUPLE

Le vieil Eugène vient de sortir de la mercerie. Il tient précieusement contre lui un paquet-cadeau joliment décoré d'un ruban rose. Alphonse, son voisin et ami, le croise et ne manque pas de lui lancer quelques quolibets.

– Alors, Eugène, t'as trouvé une place de père Noël aux grands magasins?

– Non, imbécile, réplique Eugène, c'est un cadeau pour Mauricette, car demain c'est notre anniversaire de mariage.

– Hé, je serais toi, pour le lui offrir, je me déguiserais en sapin de Noël, insiste Alphonse, parce qu'à ton âge, les boules sont uniquement décoratives.

– Faut pas prendre ton cas pour une généralité, lui renvoie Eugène.

La réflexion semble avoir rivé son clou au vieux taquin qui perd son sourire.

– Tu ne vas pas me dire que Mauricette et toi, vous faites encore l'amour à quatre-vingt-douze ans? s'étonne-t-il.

– Si, Monsieur!

– Comment faites-vous? demande Alphonse, brusquement intéressé.
– Hé bien, c'est très simple, explique Eugène. Le soir, je m'allonge tout nu sur le lit. Eugène attrape ma zibounette, la tire vers le haut. Puis elle la lâche et, si ça tombe à droite, c'est moi qui fais la vaisselle.

*

Eugène et Mauricette descendent du train à la gare de Saint-Troupougnoles. Ils ont décidé de fêter leur soixante-dixième anniversaire de mariage en retournant à l'hôtel dans lequel ils avaient passé leur nuit de noces.
– Oh! regarde, Mauricette, dit Eugène, rien n'a changé. C'est le même crépi rose, la même glycine...
Le cœur plein de souvenirs, ils pénètrent dans l'hôtel. A la réception, un vieux bonhomme, assis sur une chaise, somnole la tête en arrière et la bouche ouverte, au risque d'avaler son dentier.
– C'est le même réceptionniste qu'il y a soixante-dix ans, souffle Mauricette à son mari.
Ce disant avec un ricanement taquin, ce dernier agite brutalement la clochette prévue à cet effet. Le réceptionniste saute sur sa chaise comme un vieux Zébulon.
– Bonjour, Messieurs-dames, dit-il en se dépliant.
– Nous avons réservé la chambre 15, dit Eugène.
Le réceptionniste donne au vieux couple une clé à laquelle est attachée une grosse bille de plomb, ayant pour objet de faire lâcher les bretelles de celui qui l'oublierait dans la poche de son pantalon.
– C'est au fond du couloir, chevrote-t-il en se rasseyant et en se plongeant à nouveau dans sa sieste.
Suivi de son épouse ravie, Eugène marche d'un pas alerte vers la chambre dont il retrouve l'accès sans hésitation. Il ouvre la porte et ils redécouvrent le décor qu'ils ont connu soixante-dix ans plus tôt.
– C'est le même papier peint, la même armoire, s'écrie Mauricette, une larme à l'œil.
– Les mêmes punaises, grogne Eugène en écrasant un insecte qui tentait une évasion.

Brusquement, un souvenir l'assaille.
– Mauricette, tu te rappelles ce qu'on avait fait ici, il y a soixante-dix ans, pour notre nuit de noces?
– Oh! Eugène, glousse Mauricette, gênée.
– On avait dîné complètement nus dans la chambre, en tête à tête, précise Eugène. Si on refaisait la même chose ce soir. Allez, hop, c'est la fête. Je vais commander le dîner dans la chambre.
Il bondit sur le téléphone et appelle la réception.
– Ici, la 15. Qu'est-ce qu'on peut manger si on dîne dans la chambre?
– On a un bon potage aux vermicelles, bien chaud, répond le réceptionniste.
– Très bien! Faites-nous porter deux belles assiettes de potage au vermicelle.
Eugène raccroche, tout excité.
– Et voilà, y'a plus qu'à se mettre en tenue de soirée, dit-il en riant à sa compagne qui tressaille de bonheur.
Quelques instants plus tard, on frappe à la porte. Eugène va ouvrir. C'est une vieille femme de chambre, la même qui les avait servis soixante-dix ans plus tôt, qui apporte deux assiettes pleines à ras bord de potage au vermicelle.
– Où c'est que je mets la soupe? dit-elle en tremblant comme Canal Plus sans décodeur.
– Posez-la où vous voulez mais posez-la vite, pour qu'il nous en reste un peu, dit Eugène, craignant le pire.
La table dressée et la serveuse partie, les deux vieux époux retirent leur robe de chambre, le cœur battant d'émotion. Ils s'assoient nus et commencent à manger.
– Bon appétit, Mauricette! Et bon anniversaire de mariage, murmure Eugène amoureusement.
– Oh, mon chéri, dit Mauricette qui déborde de tendresse, comme tout cela est romantique! J'en ai la tête qui me tourne. Je ne sais pas si c'est le fait de retrouver cet hôtel, cette chambre, qui ranime de vieux souvenirs mais je suis tellement excitée tout d'un coup que j'en ai les tétons qui me brûlent.
Eugène, un instant transporté, se renfrogne.
– Évidemment, t'as les seins qui trempent dans ta soupe.

*

– J'ai pensé qu'un cadeau te ferait plaisir, ma chérie, dit Eugène à Mauricette.

Il lui tend le paquet-cadeau qu'il a fait faire par la mercière.

– Comme c'est gentil, mon Eugène, dit Mauricette. Moi aussi, j'ai pensé à toi.

A son tour, elle tend à son mari un paquet-cadeau.

– Ah! petite cachottière, gronde gentiment Eugène.

Tous deux se mettent à défaire rubans et papiers qu'ils plient soigneusement pour s'en servir au Noël prochain.

– Oh, une chemise de nuit, s'écrie Mauricette. Que c'est mignon! Je vais l'essayer tout de suite.

Toute nue, emportant son cadeau, elle entre dans la salle de bains. Eugène, satisfait, attend assis sur le lit. Elle revient.

– Ah, zut, dit Eugène, ils auraient quand même pu repasser cette chemise de nuit avant de l'emballer. Elle est pleine de plis.

– Mais Eugène, dit alors Mauricette, éplorée, je ne l'ai pas sur moi, elle était trop petite.

Le vieux manque d'en avaler son dentier. Pour changer de conversation, il ouvre son cadeau.

– Oh, des pantoufles charentaises, s'écrie-t-il. Ça tombe bien, les autres étaient usées.

Tout nu lui aussi, il les essaye.

– Elles te plaisent? demande Mauricette, un peu triste.

– Oh oui, ma douce. Elles me plaisent et elles plaisent aussi à ma zibounette, dit Eugène pour essayer d'égayer sa compagne. Tu vois, elles lui plaisent tellement qu'elle n'arrête pas de les regarder.

– Oui, répond Mauricette, amère, hé bien, la prochaine fois, je t'achèterai un chapeau.

*

Après dîner, Eugène et Mauricette décident de sortir. Un taxi les emmène au casino de Pongibaud où ils avaient passé une si bonne soirée, lors de leur voyage de noces, soixante-dix ans plus tôt.

Là non plus, rien n'a changé. Dans le cabaret qui jouxte la salle de jeux, ils retrouvent les mêmes musiciens qui jouent les mêmes airs. Eugène et Mauricette prennent place à une table et commandent du champagne. Au moment où le garçon les sert, le rideau s'ouvre. Un présentateur apparaît. La chevelure parfaitement décolorée à l'eau oxygénée et les dents impeccablement passées au blanc à chaussures.

– Mesdames et messieurs, bonsoir. Voici maintenant le clou de notre soirée. Marcel Chibros, l'homme à la zibounette d'acier.

L'orchestre se met à jouer l'indicatif de « Starsky et Hutch » à l'accordéon. Un vieil artiste un peu bancal, vêtu d'un smoking rapé, entre en scène.

– Je le reconnais, dit Mauricette à son époux, il faisait déjà ce numéro il y a soixante-dix ans.

Marcel Chibros installe une planche entre deux dossiers de chaises. Sur la planche, il pose trois noix de coco. Puis il ouvre sa braguette et exhibe une zibounette d'une taille hors du commun avec laquelle, sur un roulement de tambour, il casse coup sur coup les trois noix de coco, justifiant ainsi son pseudonyme. Applaudissements, accord final, sortie de l'artiste. Eugène et Mauricette sont fous de joie. Ils se précipitent dans les coulisses pour féliciter Marcel Chibros. Ils frappent à la porte de sa loge.

– Entrez, leur répond la petite voix de Marcel.

– Bravo, bravo, dit Eugène avec enthousiasme en poussant la porte. Nous étions venus vous voir il y a soixante-dix ans. A cette époque-là, vous faisiez le même numéro mais vous cassiez des noisettes.

– Oui, mais maintenant, je suis obligé de prendre des noix de coco, répond Marcel en soupirant, parce qu'avec l'âge la vue baisse.

*

De retour à l'hôtel, fatigué mais heureux d'avoir agité dans sa tête tant de souvenirs, le vieux couple va se coucher. Mauricette, une fois au lit, attend avec impatience qu'Eugène la rejoigne pour s'endormir dans ses bras. Mais l'autre traîne dans la salle de bains.

– Papa, qu'est-ce que tu fais? Viens te coucher, lance-t-elle.

– Une seconde, ma douce, je me lave les dents.

– Ah bon, dit Mauricette rassurée. Eh bien, lave aussi les miennes!

C'est l'été. Seul dans sa boutique, le gros boucher transpire, enfiévré par la chaleur torride et l'ardeur avec laquelle il aplatit tantôt les steaks, tantôt les mouches. Brusquement, la clochette de la porte tinte. Une superbe créature en microshort et miniboléro entre. Le boucher n'en croit pas ses yeux.

– Bonjour, Monsieur, gazouille la jolie touriste de son accent allemand. Je voudrais un morceau dans le filet.

Devant les seins agressifs montés sur ressorts, le boucher tourne à l'écarlate. Il balbutie :

– J'en ai un très beau en chambre froide. Venez, je vais vous le montrer.

L'idée d'aller se rafraîchir séduit la blonde walkyrie. Elle suit le boucher dans l'arrière-boutique. Arrivés là, le gros homme l'entreprend amoureusement. Elle le laisse faire pour montrer qu'en bonne Européenne, elle est partisane de l'ouverture de toutes les frontières. Et brusquement, le boucher s'arrête.

– Excusez-moi, Madame, dit-il, y'en a un peu plus, je vous le mets quand même ?

*

Il est paresseux, ce fils d'industriel richissime. Très paresseux. Tellement paresseux que lorsqu'il trouve le courage de se limer les ongles, il fait une pause entre chaque doigt. Son père en est malade. Un soir, pendant le dîner, il se fâche.

– Sigismond! Vous n'êtes qu'une loque. A quarante-trois ans, vous vivez encore à nos crochets. N'avez-vous pas encore songé à fonder une famille, à prendre une femme, à faire des enfants?

– Si, père! répond l'autre, mais c'est dur de trouver une fille déjà enceinte par ici.

*

Louisette pèse cent quatorze kilos pour un mètre quatre-vingt-douze. Marcel ne discute pas quand elle lui demande de descendre la poubelle. C'est comme ça qu'un soir, passant devant la porte du second étage, il croise mademoiselle Sophie qui étale ses charmes sous un impudique déshabillé de soie noire.

– Ah, monsieur Marcel, dit-elle, vous tombez bien. La prise de courant de ma table de nuit ne fonctionne plus. Pourriez-vous y jeter un coup d'œil?

– C'est que ma femme m'attend pour dîner, répond le brave Marcel, la moustache frémissante.

– Oh... je vous en prie!

Marcel craque. Il pose sa poubelle et entre dans l'appartement. Il répare la prise, boit une bière, puis deux, puis trois. Il accepte même de s'allonger sur le lit; et pas seulement sur le lit. Tant et si bien que minuit arrive sans crier gare. Marcel bondit hors du lit et se rhabille à la hâte.

– Vite, chérie, passe-moi du bleu à paupières, lance-t-il à Sophie, éberluée. Elle fouille dans son sac et lui tend une petite boîte. Marcel l'ouvre nerveusement et frotte le bout de ses doigts sur la pastille bleue. Puis il rentre chez lui sur la pointe de ses charentaises.

– Ben où que t'étais? braille la grosse Louisette, furieuse, prête à cogner. J'espère que t'as une explication.

– Tu vas pas me croire. J'étais en train de descendre la poubelle quand tout d'un coup, je croise Sophie, la petite nana du second. Elle me demande de lui réparer une prise de courant. Alors j'entre chez elle, je répare, je bois une bière, puis une autre, puis encore une autre. Ça me tourne la tête. Du coup, Sophie en profite, elle me saute dessus et... je te fais pas de dessin.

– Menteur, hurle Louisette hors d'elle.

Elle attrape la main de Marcel et la lui brandit sous le nez comme un trophée.

– T'as du bleu sur les doigts, salaud. T'as encore été jouer au billard.

*

Il fait nuit sur Bruxelles. Une vieille sorcière rentre d'un sabbat endiablé. Complètement pompette, elle traverse le parc Léopold en titubant. Apercevant une statue d'Adam nu face à une statue d'Ève également nue, elle s'exclame :

– Oooh, les pauvres! Face à Ève depuis toujours, sans pouvoir rien faire, Adam doit être dur de la feuille. Je vais leur donner la vie pour qu'ils puissent assouvir leur désir.

Ce disant, elle jette une poignée de poudre magique sur les statues qui s'animent aussitôt. Après quelques secondes d'étonnement, Adam et Ève se regardent, bondissent de leur piédestal la main dans la main, et disparaissent derrière un buisson de rhododendrons. Cris, gloussements, tremblements des rhodos et des dendrons, roucoulements furieux des pigeons dérangés. Et soudain, une dispute. Curieuse, la sorcière s'approche. Elle entend alors Adam s'exclamer :

– Ah non! Cette fois, c'est toi qui tiens le pigeon une fois et c'est moi qui fais caca dessus.

*

– Bonsoir, ma chérie. J'ai une surprise, dit le mari à sa femme, en rentrant du bureau.

– J'adore les surprises, dit-elle, ingénue.

– Ouvre la bouche et ferme les yeux!

– Pourquoi faire?
– Ouvre la bouche et ferme les yeux! répète-t-il, imperturbable.
Elle obéit. Il lui jette alors au fond de la gorge une petite pilule.
– Avale vite!
Elle obéit à nouveau mais s'étonne.
– Qu'est-ce que c'était?
– Un cachet d'aspirine!
– C'était ça, la surprise?
– Oui, parce que maintenant que tu n'as plus mal à la tête, on va pouvoir faire un gros « câlin panpan ».

*

La jeune fille qui vient d'entrer dans l'agence matrimoniale est bien triste. Handicapée par une haleine qui rappelle l'odeur d'une poubelle de poissonnier dans laquelle on vient de vider la caisse du chat, elle a bien du mal à trouver un partenaire. Pourtant, une surprise l'attend. On lui a organisé un rendez-vous avec un séduisant jeune homme. Folle de bonheur, voulant masquer son handicap, elle se procure un flacon de puissant déodorant buccal qu'elle se vide entièrement dans le gosier après avoir mâché un paquet d'arabica en grains.

Elle ignore que le jeune homme qu'elle va rencontrer possède une odeur de pieds qui ressemble, à s'y méprendre, à celle d'un munster oublié dans des latrines militaires. Il a, lui aussi, utilisé un puissant déodorant dont il a copieusement aspergé ses pieds après les avoir laissé tremper deux heures dans l'eau de Javel.

Les deux tourtereaux se rencontrent. Ils se plaisent et en babillant joyeusement, chacun prie le ciel de son côté afin que son déodorant tienne jusqu'à la fin de la journée.

Mais l'amour est fort, très fort. Après une soirée féerique où restaurant, cabaret, boîte de nuit se mêlent en un tourbillon d'ivresse passionnée, nos amoureux se retrouvent au lit dans la chambre douillette d'un petit hôtel charmant. Ils se promettent l'un à l'autre. Mais, avant de se marier, il faut qu'ils s'avouent mutuellement leur petite infirmité. Comment s'y prendre? Un silence et brusquement le jeune homme craque. Il saisit sa compagne dans ses bras.

– Chérie, j'ai quelque chose à t'avouer.

– Moi aussi, dit-elle dans un souffle.

– Je sais, s'étrangle-t-il, tu as mangé mes chaussettes.

*

Un jeune provincial, un peu niais mais pourvu d'une fortune confortable, arrive pour la première fois à Paris. Au cours d'une soirée organisée par les relations de travail de son père, il se laisse aborder par une prostituée. Sentant alors que le jeune homme possède une bourse importante, la professionnelle décide de la lui vider en l'entraînant dans un coin sombre.

Mais le bougre est bigrement amoureux. C'est ainsi que le couple se retrouve, à deux heures du matin, sous les frondaisons du bois de Boulogne. Le jeune dadais tout tremblant embrasse sa compagne fougueusement et entreprend de la déshabiller.

– Doucement, doucement, geint-elle dans un simulacre de râle.

Le jeune homme se calme mais ses yeux sont brillants de passion.

– Je vous aime, dit-il, le rose aux joues. Dans cette nuit si merveilleuse, tout m'entraîne vers vous. La lune dont la lumière laiteuse éclaire vos yeux aux éclats de saphir. La brise légère et tiède qui vient caresser votre peau a la douceur de pêche. Les cigales même qui stridulent si délicatement...

– Crétin, coupe la fille, c'est pas des cigales, c'est des fermetures Éclair.

informue. Comment s'y prendre ? Un silence et brusquement le jeune homme craque. Il saisit sa compagne dans ses bras.
— Chérie, j'ai quelque chose à t'avouer.
— Moi aussi, dit-elle dans un souffle.
— Je sais, s'attendrit-il, tu as mangé mes chaussettes.

*

Un jeune provincial, un peu niais mais pourvu d'une fortune confortable, arrive pour la première fois à Paris. Au cours d'une soirée organisée par les relations de travail de son père, il se laisse aborder par une prostituée. Sentant alors que le jeune homme possède une bourse importante, la professionnelle décide de la lui vider en l'entraînant dans un coin sombre.

Mais le bouseux est bigrement amoureux. C'est ainsi que le couple se retrouve, à deux heures du matin, sous les frondaisons du bois de Boulogne. Le jeune dadais tout tremblant embrasse sa compagne fougueusement et entreprend de la déshabiller.

— Doucement, doucement, geint-elle dans un simulacre de zèle.

Le jeune homme se calme mais ses yeux sont brillants de passion.

— Je vous aime, dit-il, le rose aux joues. Dans cette nuit si merveilleuse, tout m'entraîne vers vous. La lune dont la lumière laiteuse éclaire vos yeux aux éclats de saphir. La brise légère et tiède qui vient caresser votre peau à la douceur de pêche. Les cigales même qui stridulent si délicatement...

— Crétin, coupe la fille, c'est pas des cigales, c'est des fermetures Éclair.

LES HISTOIRES D'ANIMAUX

Dans la salle d'attente d'un vétérinaire se trouve un doberman très costaud, au poil luisant et soigné. Près de lui se tient un petit corniaud tremblotant, tellement laid qu'il semble être issu du croisement entre un hérisson et une pantoufle charentaise.

– Pourquoi es-tu là, petit? demande le doberman.

– Hier, ma maîtresse me promenait dans la rue, répond le corniaud. Et tout d'un coup, j'aperçois sur le trottoir d'en face une petite chienne caniche blanche, mignonne à croquer. C'est le printemps et je n'ai pas souvent l'occasion de sauter autre chose que les coussins en velours côtelé du canapé. Alors, mon sang ne fait qu'un tour. Je traverse la rue, j'agrippe la petite caniche et je l'entreprends fougueusement. Manque de chance, j'ai oublié que je suis encore relié à ma maîtresse par une longue laisse extensible en câble d'acier. Un cycliste ne l'a pas vue. Il fait un vol plané et va s'écraser sur le pare-brise d'un bus comme un énorme moustique. Le chauffeur du bus, surpris, perd le contrôle de son véhicule. Il fonce dans une station-service. Les pompes explosent. Au-dessus de l'incendie passe un 747 plein à craquer. Gêné par la fumée, le pilote ne voit pas la tour Montparnasse. Catastrophe épouvantable. Alors, pour m'empêcher de recommencer, ma maîtresse a décidé de me faire couper les baboules.

– Ton histoire ressemble beaucoup à la mienne, répond le doberman contrit. Hier, j'étais allongé sur la moquette moelleuse du salon. J'apercevais, par la porte entrebâillée de la salle de bains, ma maîtresse, un mannequin sublime au corps de rêve, en train de prendre un bain moussant. Et soudain, je la vois qui se lève, qui sort de la baignoire et qui se baisse pour la vider. C'en est trop. Je sens sous moi comme un cric. Un cri rauque de mâle lubrique sort de ma gorge, je bondis et... je commets l'irréparable.

– Je vois, dit le petit corniaud qui se sent moins seul. Ta maîtresse va te faire aussi couper les baboules?

– Non, non! Juste les griffes.

*

Un touriste français arrive au zoo de Bruxelles. Il a acheté un sac d'abricots pour en distribuer aux animaux. Il passe devant la fosse au chimpanzé. Celui-ci est assis au bord de l'eau, le regard perdu dans le vague, la lèvre pendante et triste. Ses fesses, enflées et rouges comme de la chair à saucisse, le classent définitivement dans la catégorie des primates farcis.

– Pauvre bête, se dit le touriste français, le goût suave d'un fruit lui sera sûrement d'un grand réconfort.

Il plonge la main dans son sac et jette un abricot au gorille. Celui-ci tend le bras nonchalamment et attrape le fruit. Il le sent, l'ouvre en deux, en extirpe le noyau, se l'introduit dans le troufignon puis il le remet dans l'abricot et... mange le tout. Pour être sûr qu'il n'a pas rêvé, le Français jette un autre abricot au singe. Sans se départir de son calme, l'animal attrape le fruit, l'ouvre en deux, en extirpe le noyau, se le rentre dans le troufignon puis il le remet dans l'abricot et l'avale. Sidéré, le Français arrête un gardien.

– Monsieur, regardez votre chimpanzé! glapit-il.

Et, joignant le geste à la parole, il jette un troisième abricot dans la fosse. Le singe, comme à son habitude, se rentre le noyau dans le troufignon, le remet dans l'abricot et le mange.

– Vous avez vu? Vous avez vu? crie le Français tout excité.

– Et alors! C'est normal, savez-vous! La semaine dernière, un imbécile de touriste français lui a jeté un avocat entier. Le singe l'a avalé d'un seul coup. Mais le noyau était trop gros, il est resté coincé à l'intérieur. Alors, maintenant, il se méfie, il essaie avant.

*

L'ignoble professeur Weinschestein fait des expériences monstrueuses. Il veut donner vie et réalité à Tarzan, l'homme-singe, en croisant un homme avec une guenon. Il passe donc l'annonce suivante dans un grand quotidien :

« Pour dix mille francs, volontaire recherché en vue accouplement avec guenon. »

Le jour même, un diplomate africain, en quête de sensations fortes, se présente :

– Bonjour, docteur. Je viens pour l'annonce présentement, dit-il à voix basse, une manière de passer incognito.

– Entrez, entrez, dit le professeur tout heureux. Déshabillez-vous. Mais le Noir, prudent, l'arrête.

– Attendez. Avant de passer à l'acte, je désire voir la tête de la guenon.

– Bien sûr, répond le professeur en entraînant son visiteur vers le laboratoire.

Au milieu d'un fatras de tubes à essai et de cornues se trouve une grande cage. La pauvre guenon qui s'y tient est toute pelée et d'un âge visiblement avancé. Voyant entrer le diplomate africain qui la palpe du regard, elle lui fait un grand sourire jaune entartré. Notre homme hoche la tête dubitativement et se tourne vers le professeur.

– Bon, d'accord, je veux bien copuler avec cette créature, dit-il en fouillant dans sa poche. Mais le chèque de dix mille francs, je le fais à quel ordre?

*

Dans un grand pré, en Suisse, il y a un champignon dans lequel vivent deux escargots. Un soir Gusbave, le mari escargot, rentre du travail.

– Bonsoir, Hélicie, lance-t-il joyeusement à son épouse gastéropode. Qu'est-ce qu'il y a ce soir pour dîner?

– De la laitue, répond-elle.

Et, brusquement, la voilà qui crie.

– Ah! Zut! Y'a plus de laitue.

– Eh ben! C'est une soirée qui commence mal, grommelle le mari escargot.

– C'est pas ma faute, se défend Hélicie. J'ai passé ma journée à repasser tes « limaces ».

– C'est pas grave, dit-il résigné. Je vais aller en acheter chez l'Arabe du coin, il doit être encore ouvert à c't heure-ci [1].

Et notre mari escargot sort en bavant de fureur et en faisant mine de ne pas entendre sa femme qui lui crie :

– Ne traîne pas en route, moi aussi j'ai faim.

Les heures passent. Pas de nouvelles du mari. Hélicie, inquiète, se couche avec à l'esprit des images macabres qui sentent l'ail et le beurre persillé. Le lendemain, point de mari. Si elle avait des mains Hélicie les tordrait d'angoisse. Une semaine passe. Toujours rien. Un mois passe. Pas un coup de téléphone, pas une lettre. Au bout d'un an, la mort dans l'âme, un matin, la pauvre femme ouvre la porte, rêvant de voir justement son mari Gusbave revenir à l'instant. Et miracle, l'incroyable se fait réalité, l'escargot est là, bien vivant, devant la porte. Alors des larmes d'émotion montent aux yeux pédonculés de la pauvre Hélicie qui hurle dans un sanglot :

– Hé ben! qu'est-ce que tu faisais?

Il se retourne alors avec rage et lui répond :

– Ah, si tu cries, j'y vais pas!

*

---

1. Depuis l'ouverture des frontières, les Suisses aussi ont des « Arabes du coin » ouverts à c't heure-ci.

Un couple d'hippopotames et leurs trois enfants vont au cinéma. Tandis que les parents achètent les billets, les enfants aperçoivent un chariot où l'on vend du pop-corn.

– Maman, maman, on peut avoir du pop-corn? demande l'un des jeunes hippopotames tout excité.

– Oui, oui, répond la mère, abdiquant déjà.

Elle achète donc trois cornets de pop-corn et toute la famille hippopotame monte au balcon où ils s'installent, au premier rang. Pendant les publicités, les enfants chahutent. Brusquement, l'un d'eux lâche son cornet de pop-corn. Voulant le rattraper, il passe par-dessus la balustrade et tombe au milieu des fauteuils d'orchestre. Saisie d'horreur, la mère hippopotame hurle.

Elle se penche pour mieux voir où est tombé son petit. Mais emportée par son poids, elle perd l'équilibre, bat l'air de ses pattes et tombe à son tour sur les mêmes fauteuils d'orchestre. Les enfants et le mari hippopotame se précipitent en criant :

– Maman!... Josiane!...

C'en est trop pour la balustrade qui cède. Les trois hippopotames restants s'écrasent à leur tour sur les fauteuils d'orchestre. Alors, un spectateur assis tout près lève son visage vers le balcon et lance, furieux :

– Hé, là-haut! C'est pas fini de jeter des hippopotames?

*

Un cirque a planté son chapiteau dans la banlieue de Grenoble. Assis dans les gradins dauphinois, les enfants hurlent car les clowns Gugus et Dédé viennent d'entrer sur la piste, accompagnés par la fanfare du cirque.

– Ah lalalala! Bonjour, les petits enfants, crie le clown Dédé.

– Bonjour, les petits éléphants, ajoute le clown Gugus pour être drôle.

– Vous connaissez le crocodile Kiki?

– Non! crient les enfants et les parents en chœur.
Roulement de tambour. Un énorme crocodile, coiffé d'un chapeau pointu, entre en piste. Frémissements sous la toile rouge et bleue.
– Bonjour, Kiki! Ouvre la gueule, Kiki!
Le crocodile, campé au milieu de la piste, ouvre ses redoutables mâchoires découvrant d'immondes dents pointues et une grosse langue violacée.
– Et maintenant, Mesdames et Messieurs, lance Dédé, le clown Gugus va mettre sa zibounette dans la gueule du crocodile.
– Quelle horreur! C'est dégoûtant, protestent les parents qui se liguent aussitôt contre le crocodile.
Mais la ligue a tort car les enfants hurlent de joie. Roulement de tambour et Gugus met sa zibounette entre les mâchoires du monstre. Accord final. Gugus replie vivement son attirail, les mâchoires du reptile claquent dans le vide.
– Bravo, crie Dédé. Et maintenant, de plus en plus fort! Gugus va remettre sa zibounette dans la gueule du crocodile et vous allez voir.
Nouveaux roulements de tambour. Gugus recommence la manœuvre mais, cette fois, Dédé exhibe une grosse massue avec laquelle il tape sur la tête du crocodile. Sous le choc, les mâchoires de la bête ont tremblé mais elles ne se sont pas refermées. Gugus respire, il range à nouveau son attirail.
– Bravo, bravo, crient les enfants.
Les parents applaudissent du bout des doigts.
– Et maintenant, Mesdames et Messieurs, nous demandons un volontaire, lance Dédé.
Alors, au premier rang, une petite vieille toute tremblante se lève et entre sur la piste.
– Moi, moi, dit-elle en chevrotant. Je veux bien essayer... mais je ne veux pas qu'on me tape sur la tête.

*

Ce matin-là, dans la grande forêt canadienne, la futaie résonne des cris joyeux de deux oursons qui chahutent. Un gros lapin, passant par là, s'arrête.

– Bonjour, les enfants, leur crie-t-il. Est-ce que votre mère aime le miel ?

– Oh oui, monsieur lapin, répondent les innocents oursons.

– Hé bien, je vais lui en mettre plein la ruche.

Et il disparaît, laissant les petits médusés. Ils retournent à la grotte où maman Grizzli est en train de préparer le déjeuner.

– A table, les enfants, lance-t-elle. Je vous ai préparé une délicieuse soupe au miel.

– Justement, le lapin a dit qu'il allait t'en mettre plein la ruche.

– Quelle horreur, dit l'ourse en sursautant. Vous n'avez pas honte, petits garnements ? Le lapin a bien trop peur de moi pour dire des choses aussi dégoûtantes.

Amers, les oursons déjeunent et retournent à leurs jeux sylvestres. Rentrant chez lui le gros lapin passe à proximité.

– Coucou, les enfants, leur dit-il. Vous avez bien déjeuné ?

– Oh oui ! Maman nous a fait une délicieuse soupe au miel, répond imprudemment l'un des oursons.

– Ça tombe bien, je vais lui en mettre plein la ruche.

Et le lapin disparaît à nouveau. Le soir venu, les oursons racontent l'incident à leur mère. Madame Grizzli les gronde une fois de plus mais se promet tout de même de les accompagner pour en avoir le cœur net. Le lendemain, les enfants retournent dans leur clairière favorite. Comme à son habitude, le gros lapin passant par là hèle les petits :

– Bonjour, les enfants ! Votre mère aime toujours le miel ?

– Oh oui, crient-ils en chœur.

– Hé bien, dites-lui que je vais lui en mettre plein la ruche.

Et le lapin s'enfuit. Mais il tombe nez à nez avec la grande ourse qui, ne perdant pas le nord, s'était cachée derrière un buisson. Folle de rage, elle pousse un rugissement à coller Rambo au fond de son slip. Terrorisé, le lapin fait demi-tour et fonce vers son terrier dans lequel il s'engouffre. L'ourse, aveuglée par la fureur, veut suivre l'insolent dans son repaire. Hélas, sa tête seule s'enfonce dans la terre, et la voilà coincée. Elle tente de se dégager en tortillant son gros postérieur, en vain. Le lapin, malin, sort par une galerie dérobée. Il s'approche de l'ourse par-derrière, lui cramponne la fourrure et, joignant alors la parole au geste, il lui susurre avec délicatesse :

– Désolé, Madame, mais j'ai promis aux enfants!

*

C'est la saison de la chasse. Débusqué par un chasseur, un lapin sort en trombe du champ de betteraves dans lequel il s'était embusqué. Il zigzague pour éviter la volée de plombs et traverse la route nationale. Un énorme semi-remorque jaillit qui manque de le transformer en garniture pour pizza. Il roule dans le fossé. Dieu merci, le chasseur l'a perdu de vue. Il est sauvé. C'est alors qu'un taureau, qui a suivi la scène, laisse échapper un rire sarcastique.

– Ah! Ah! Ah! [1] Tu n'as pas entendu le chasseur arriver? Et le camion? Il faisait pourtant assez de bruit. C'est vraiment pas la peine d'avoir de si grandes oreilles.

– Et toi, tu t'es pas vu? riposte le lapin. C'est vraiment pas la peine d'avoir d'aussi grosses baboules quand on porte d'aussi grandes cornes.

*

Dans la rue, un étrange cortège funèbre s'avance au pas. Les vitres du corbillard tendues de tulle noir laissent apercevoir deux cercueils. Le corbillard est suivi par un homme en deuil. Il tient en laisse, non sans peine, deux énormes dogues ahanant comme des brutes, la bave aux lèvres. Plus loin suit également un groupe d'hommes de tous âges.

Un passant, surpris par l'étrangeté de cet équipage, s'approche de l'homme en noir qui tient les molosses.

1. Traduction de « Meuh, euh, euh », qui est le vrai rire sarcastique du taureau.

– Puis-je me permettre de troubler votre peine, Monsieur, pour vous demander ce qui s'est passé?

– Vous ne me troublez pas du tout, répond l'homme qui ne semble en rien affecté par le chagrin. J'ai acheté ces deux clébards hier. Je les avais laissés à la maison le temps d'aller leur acheter des Friskies. Quand je suis revenu, ils avaient dévoré et déchiqueté ma femme et ma belle-mère. La morgue les a livrées en kit aux pompes funèbres.

Le passant prend un temps de recueillement compatissant.

– Vous accepteriez de me louer vos bêtes? reprend-il d'un air détaché.

– Bien sûr, répond le veuf.

Il désigne alors le groupe d'hommes qui le suit.

– Prenez la queue comme les autres!

– Puis-je me permettre de troubler votre peine, Monsieur, pour vous demander ce qui s'est passé?

– Vous ne me troublez pas du tout, répond l'homme qui ne semble en rien affecté par le chagrin. J'ai acheté ces deux clebards hier. Je les avais laissés à la maison le temps d'aller leur acheter des Friskies. Quand je suis revenu, ils avaient dévoré et déchiqueté ma femme et ma belle-mère. La morgue les a livrées en kit aux pompes funèbres.

Le passant prend un temps de recueillement compatissant.

– Vous accepteriez de me louer vos bêtes? reprend-il d'un air détaché.

– Bien sûr, répond le veuf.

Il désigne alors le groupe d'hommes qui le suit.

– Prenez la queue comme les autres!

LES HISTOIRES DE L'HISTOIRE

à Alain Decaux

Bonsoir...

Nous sommes à Rome, en 64, à dix heures du soir [1]. L'empereur Néron vient de sortir de son bain de lait qu'à force de barboter il a malencontreusement transformé en beurre. Des esclaves l'épongent avec des tartines de pain grillé et l'enveloppent dans du papier sulfurisé comme une grosse motte de Charente-Poitou. Soudain, son favori Tigellin s'approche.

– O grand Néron! Tes amis ont préparé une surprise pour toi.

– Une surprise! s'écrie Néron, surpris.

Et Tigellin entraîne l'empereur à sa suite vers la grande salle du palais.

– Vingt-deux, le v'la, lance Pétrone qui guettait l'empereur au milieu de la foule des amis invités.

On éteint les torches. Néron entre. Les grands draps

1. Ce qui est beaucoup mieux que d'être à Paris en 205, à six heures du soir.

rouges qui voilaient la terrasse s'ouvrent, découvrant Rome en flammes.

– Oh, que c'est beau! dit l'empereur, fou de joie.

– Et ce n'est pas tout, affirme Tigellin.

– Suis-nous, ajoute Pétrone.

– Vous êtes fous! glousse Néron que toute sa cour, amusée, entraîne dans les rues de Rome incendiée. L'empereur avance émerveillé, découvrant à chaque carrefour des chrétiens suppliciés et gomorrhisés [1] par des lions, écoutant avec une indicible jouissance les plaintes des martyrs. Soudain, au détour d'une rue, le cortège débouche sur une large avenue bordée de centaines de crucifix. Sur chacun d'eux, un chrétien est cloué. Néron rugit de plaisir.

– Ah! mes amis, quel cadeau, brame-t-il. C'est fantastique.

– Attends, c'est pas fini, précise Pétrone. Avance, ô grand Néron.

Excité, l'empereur avance entre les croix. Brusquement, l'un des suppliciés murmure quelque chose. Néron intrigué s'arrête.

– On dirait que cet homme veut me faire une confidence?

– Oui, oui, grand Néron, disent Tigellin, Pétrone et tous ses amis.

– Mais je n'entends rien.

– Apportez une échelle à l'empereur, crie-t-on.

Des légionnaires apposent une échelle de bois sur le torse du crucifié qui tousse. Néron y monte.

– Arrête de tousser, dit-il au supplicié, ça secoue l'échelle, j'ai peur.

Le chrétien se retient et balbutie quelques onomatopées.

– Articule, exige Néron, contrarié.

Il approche son oreille de la bouche de l'homme qui, dans un effort surhumain, réussit à chanter:

– Joyeux anniversaire, joyeux anniversaire, joyeux anniversaire Néron, joyeux anniversaire.

*

1. Supplice pratiqué à Gomorrhe et bien pire que celui de Sodome.

Nous sommes en 626, à la basilique de Clichy. Le bon roi Dagobert va se marier avec Gomatrude. Le bon saint Éloi, chargé de la cérémonie, cherche partout Dagobert pour répéter une fois encore les menus détails de la cérémonie.

– Vous n'avez pas vu Sa Majesté? demande-t-il à un enfant de chœur.

– Je crois qu'il est avec la reine dans la sacristie. Ils se sont enfermés à clé, ricane le gamin.

Saint Éloi devient aussi blême qu'un cierge pascal qui, contrairement à ce qu'on pourrait croire, n'est pas l'ancêtre de Blaise. Il fonce à la sacristie.

– Les porcs! Ils sont en train de répéter la nuit de noces, s'écrie-t-il en constatant que la porte est effectivement verrouillée.

En effet, les gémissements enamourés qui s'échappent de la petite pièce tendent à confirmer les soupçons du saint homme.

– Et là, dit le roi.

– Ah oui, oui, dit la Reine.

– Et là, et là, répète le Roi.

– Rhâ oui, dit la Reine.

– Et là, dit violemment le Roi.

– Aïe! Ah non, proteste la Reine.

– C'est bon, lui dit le Roi, je vais la remettre à l'endroit.

*

Louis XIV dort beaucoup. Il aime faire des grasses matinées tellement longues qu'on l'appelle par taquinerie le Roi Sommeil. Ses maîtresses, madame de La Vallière, madame de Montespan et madame de Maintenon se languissent.

– Allons vivre ailleurs, disent-elles, puisque les nuits avec Sa Majesté deviennent si passionnantes.

Elles se font donc construire un petit palais au bout du parc de Versailles. Le Roi est très déçu d'être ainsi abandonné.

– Vous ne voulez plus dormir avec votre Loulou? leur demande-t-il piteusement.

– Ah non, répondent-elles toutes les trois.

D'où le nom du Palais, le tri « Ah non! » C'est là que les trois anciennes maîtresses de Louis XIV vont abriter leurs turpitudes. Un soir, madame de La Vallière et madame de Montespan rentrent au Trianon, tenant chacune un nain par la main.

– Pourquoi des nains? leur demande la Maintenon qui les accueille.

– Parce que leur réputation d'amants exceptionnels n'est plus à faire, lui répondent les deux femmes en entrant dans leur chambre respective avec leur petit compagnon. A peine la La Vallière a-t-elle refermé sa porte qu'elle est assaillie par son nain qui la lutine sauvagement puis s'endort.

– Le gueux est allé tellement vite que j'ai cru que c'était un marteau-piqueur, ronchonne la jeune femme, déçue.

Tandis que le nabot dort comme une bûche en ronflant comme une tronçonneuse, elle entend dans la chambre voisine madame de Montespan aux prises avec son nain. La fête a l'air d'être joyeuse car le bougre ne cesse de s'exclamer :

– Hop-là, hop-là, hop-là, traduisant ainsi un nombre impressionnant de coïts.

Le lendemain matin, madame de La Vallière rejoint madame de Montespan au petit déjeuner. Elle est très étonnée de ne pas voir sur le visage de son amie les marques de fatigue d'une nuit de plaisirs.

– Alors, combien de fois? demande-t-elle à la Montespan.

– Pas une seule!

– Comment ça, pas une seule! s'insurge la La Vallière. Alors, pourquoi votre nain a-t-il crié tant de fois : « hop-là » et « hop-là » et « hop-là »?

– Parce que, toute la nuit, il a essayé de monter sur le lit.

*

Septembre 1792, la Terreur. Le Comité de salut public envoie à la mort des charrois entiers de nobles, de prêtres réfractaires, de suspects en tous genres. La machine que le docteur Joseph Ignace Guillotin a inventée pour soigner la migraine fonctionne jour et nuit. Les têtes tombent sans discontinuer dans le panier où l'on a mis paradoxalement du son pour amortir le bruit. Soudain, alors que le bourreau vient de faire allonger le vicomte du Jambier-Cornimoufle, la lame de la guillotine se bloque à quelques centimètres du cou de ce dernier.

– Que fait-on? demande le bourreau au représentant du Tribunal révolutionnaire.

– Essayez encore, hurle celui-ci, énervé comme une puce shootée au Guronzan.

Le bourreau remonte la lame et actionne à nouveau le mécanisme. En vain. La lame s'arrête encore une fois à quelques centimètres de la nuque du vicomte.

– Bon, ça va, vous êtes gracié, hurle le juge. Au suivant.

Le baron de Van de Vlæminck, appartenant à la noblesse flamande, monte à l'échafaud.

– Au lieu de m'allonger sur le ventre, vous permettez que je m'allonge une fois sur le dos? demande-t-il au bourreau.

– Si vous préférez voir la lame descendre, pourquoi pas? dit l'autre, désabusé.

Le baron s'allonge donc sous la lame qui descend d'un coup sec mais s'arrête à nouveau. Dans la longue file d'attente des condamnés, un fantastique espoir vient de naître. Le baron Van de Broot appelle alors le bourreau :

– Je crois savoir pourquoi ça bloque, savez-vous. J'ai vu là dans la glissière une petite vis qu'il suffirait de revisser.

*

Nous sommes à Paris, le 7 octobre 1870. Paris qui est cerné par les Prussiens. Les yeux de Gambetta, eux, sont cernés par la fatigue. Il est ministre de l'Intérieur et s'apprête à se rendre, non pas aux Prussiens, mais à Tours pour y organiser la résistance. Hélas, comment sortir de la capitale sans tomber entre les mains de l'ennemi? Heureusement, Gambetta bénéficie de l'aide de Georges

Clemenceau, alors député radical, qui lui fournit un ballon pour échapper à l'encombrante présence des Teutons. Gambetta aura d'ailleurs, à cette occasion, une phrase restée célèbre :

– Quand les Teutons sont trop encombrants, il est bon d'avoir un soutien d'Georges.

C'est ainsi qu'au soir du 7 octobre 1870, Gambetta s'élève dans le ciel de Paris à bord d'un aérostat. Le ballon s'envole dans les nuages et Gambetta parcourt ainsi des kilomètres, porté par des vents qui l'emmènent vers une destination qu'il espère être la bonne. Malheureusement, lorsque les nuages se dissipent, ce n'est pas la Loire que Gambetta aperçoit mais des pâturages verdoyants. Il l'ignore encore, le vent l'a conduit au-dessus du canton de Vaud, en Suisse. Il distingue un troupeau de moutons gardés par un berger. Afin de connaître sa position, Gambetta l'appelle.

– Oh, oh! Pouvez-vous me dire où je suis?

Entendant une voix au milieu de ses moutons, le berger se prend aussitôt pour Jeanne d'Arc. Mais il se demande si c'est vraiment rentable de bouter les étrangers hors de Suisse.

– Oh, oh! répète Gambetta.

Le berger lève enfin les yeux vers lui.

– Où suis-je? crie Gambetta

– Dans un ballon, répond le Suisse.

*

Le navire le « Pourquoi pas? » longe les côtes du Groenland. A son bord, le commandant Charcot scrute la banquise qui s'étend à perte de vue. Soudain, la vigie crie :

– Commandant, baleine bleue échouée à bâbord.

Le commandant fait manœuvrer le « Pourquoi pas? » vers la grande étendue blanche sur laquelle l'énorme cétacé de trente mètres de long est étendu.

– Saperlipopette, fait Charcot. Mais la bête est à moitié dévorée.

En effet, de l'animal il ne reste plus que la partie antérieure d'où dépasse l'arête centrale et la queue.

– Quel monstre a bien pu dévorer près de quatre-vingts tonnes de viande? se demande le commandant.

Tandis que le navire s'approche, Charcot distingue alors, près de l'animal, un petit Esquimau qui mastique avec délectation et qui, soudain, mord directement dans la baleine pour en arracher un morceau qu'il mange goulûment.

– Hé ho, l'esquimau! crie Charcot dans son porte-voix.

– Hé ho! répond aimablement l'indigène, la bouche pleine.

– C'est vous qui avez mangé la moitié de cet animal? demande le commandant.

– Oui, Monsieur, dit l'Esquimau avec un grand sourire. Que voulez-vous, la baleine, c'est comme les cacahuètes, quand on commence, on ne peut plus s'arrêter.

*

Debout à l'avant du porte-avions « Le Clemenceau », le général de Gaulle regarde s'approcher les côtes mexicaines où l'attend tout un peuple en liesse. Brusquement un coup de vent emporte son képi qui tombe à la mer. Un marin courageux plonge et ramène, au péril de sa vie, l'illustre couvre-chef de l'État. Malheureusement, sur les deux étoiles, il n'en reste plus qu'une, l'autre ayant dû être séduite et enlevée par une étoile de mer mâle en rut. Le général est contrarié.

– Je ne peux pas descendre à terre avec une seule étoile, dit-il. Il ne manque plus que la faucille et le marteau pour que les Mexicains me prennent pour Krouchtchev.

– J'ai une idée, dit alors le barman du bord.

Il prend le képi du général et se précipite vers le bar. Là, ayant saisi une bouteille de cognac, il découpe sur l'étiquette de celle-ci l'une des étoiles marquée V.S.O.P. et la colle à côté de l'autre, sur le képi. Il était temps, car le navire vient de mouiller l'ancre et les officiels attendent Charles de Gaulle à bord de la vedette qui doit le mener à terre. Le général coiffe son képi en vitesse et quitte le bord. A Mexico, c'est un triomphe. Il fait un rapide discours en espagnol de cuisine.

– *La mano en la mano*, etc.

Puis il va prendre un bain de foule en compagnie du président mexicain. Celui-ci a vu les quatre lettres étranges sur la seconde étoile du képi présidentiel.

– Mon général, dit-il à de Gaulle. Que signifient les lettres V.S.O.P. inscrites sur l'une de vos étoiles?

Le général n'est jamais pris au dépourvu.

– Vieux Soldat Opéré de la Prostate, répond-il du tac au tac.

TABLE

DANS LA MÊME COLLECTION

Francesco Alberoni
Le choc amoureux

Bernard Alliot
L'adieu à Kouriline

Jean Anglade
La bonne rosée
Le parrain de cendre
Les permissions de mai
Une pomme oubliée
Le tilleul du soir
Le tour de doigt
Qui t'a fait prince ?
Les ventres jaunes
Le voleur de coloquintes

Marie-Paule Armand
La courée
La courée 2

Georges Arnaud
Le salaire de la peur

George J. Arnaud
Les moulins à nuages

Emmanuelle Arsan
Emmanuelle

Arthur
Mon école buissonnière

Susan Azadi
Fugitive

Philippe de Baleine
Les éléphants roses de Bangkok
Le petit train de la brousse
Le nouveau voyage sur le petit train de la brousse
Voyage espiègle et romanesque sur le petit train du Congo

Bette Bao Lord
Une mosaïque chinoise

Michel Bar-Zohar
L'espionne du diable

René Barjavel
Les chemins de Katmandou
Les dames à la licorne
Le grand secret
La nuit des temps
Une rose au paradis

Michel Bataille
L'arbre de Noël

Laurent Beccaria
Hélie de Saint Marc

Pierre Bellemare
Les crimes passionnels (2 tomes)
Nuits d'angoisse (2 tomes)
La peur derrière la porte (2 tomes)

ISI BELLER
Le feu sacré

AÏCHA BENAÏSSA/ SOPHIE PONCHELET
Née en France

ERWAN BERGOT
Les 170 jours de Diên Biên Phû

PATRICK BESSON/ DANIÈLE THOMPSON
La boum

JANINE BOISSARD
Les trois amours de Napoléon

GENEVIÈVE BON
La poupée du loup
La saison des bals

GILBERT BORDES
Le roi en son moulin

ROGER BORNICHE
Borniche story
La cible
La filière
Kidnapping

NANCY BOSSON
Maîtresse détresse

HUGUETTE BOUCHARDEAU
George Sand
Rose Noël

PIERRE BOULLE
La baleine des Malouines
Contes de l'absurde
L'épreuve des hommes blancs
Un métier de seigneur
La planète des singes
Le pont de la rivière Kwaï
Le sacrilège malais

OLIVIER BOURGOIS
La chambre d'Icare

PHILIPPE BOUVARD
Contribuables, mes frères

J.-D. BRIERRE/ M. FANTONI
Johnny Hallyday

ANDRÉ CASTELOT
Talleyrand

ÈVE DE CASTRO
Les bâtards du soleil
La Galigaï

ANTOINE DE CAUNES
C'est bon mais c'est chaud

CAVANNA
Maman au secours !

JACQUES CELLARD
Les petites marchandes de plaisir

François Cérésa
La Vénus aux fleurs

Gilbert Cesbron
Il est minuit, Docteur Schweitzer

Jean Chalon
Chère Marie-Antoinette
Le lumineux destin d'Alexandra David-Néel
Les paradis provisoires

Simone Chalon
L'enfance brisée
L'enfance retrouvée

Françoise Chandernagor
L'allée du roi

Jung Chang
Les cygnes sauvages

Charlie Chaplin
Ma vie

Lowell Charters
Cœur de tonnerre

Jean-François Coatmeur
Des croix sur la mer

Jean-Pierre Coffe
Le bon vivre
Le vrai vivre
Au secours le goût

Comtesse de Paris
Blanche de Castille

James F. Cooper
Le dernier des Mohicans

Claude Couderc
Les enfants de la violence
Mourir à dix ans

Claude Chourchay
Jean des Lointains

Georges Coulonges
La liberté sur la montagne

Jacques-Yves Cousteau/ Frédéric Dumas
Le monde du silence

CharlElie Couture
Les dragons en sucre

Henri Crouzat
Azizah de Niamkoko

Marie-Thérèse Cuny
La petite fille de Dar El Beida

Marie-Christine D'Welles
Folle... moi ?

Pierre Dac
Les pensées

Dalaï Lama
Océan de sagesse

Michel Damien
Raymond Pin, vingt ans dans la forêt

Alexandra David-Néel
Au pays des brigands gentilshommes
L'inde où j'ai vécu
Journal (2 tomes)
Le Lama aux cinq sagesses
Magie d'amour et magie noire
Mystiques et magiciens du Tibet
La puissance du néant
Le sortilège du mystère
Voyage d'une parisienne à Lhassa

Miles Davis
Autobiographie

Didier Decoin
Béatrice en enfer
Il fait Dieu

Jean François Deniau
La Désirade
L'empire nocturne
Un héros très discret

Jean-Paul Desprats
Le marquis des éperviers
Le camp des enfants de Dieu
Le secret des Bourbons

Lilas Desquiron
Les chemins de Loco-Miroir

Raymond Devos
À plus d'un titre

Françoise Dolto
L'échec scolaire

Françoise Dorin
Va voir maman, papa travaille !

Kirk Douglas
La danse avec le diable

Loup Durand
Daddy
Le jaguar

Adrienne Durand Tullou
Le pays des asphodèles

Boris Eltsine
Jusqu'au bout !

Philippe Erlanger
La reine Margot

Guillaume Fabert
Autoportrait en érection

Albert Falco/ Yves Paccalet
Capitaine de la Calypso

Faty
Mémoires d'une fouetteuse

Jean-Louis Festjens/ Pierre Antilogus
Le guide du jeune couple
Le guide du jeune père

David Fisher
Ultime otage

Leonore Fleisher
Fisher King
Rain Man

Jean-Charles de Fontbrune
Nostradamus historien prophète

Dian Fossey
Gorilles dans la brume

Jean-Pierre Foucault
Est-ce que la mer est belle ?

Dan Franck/ Jean Vautrin
La dame de Berlin
Le temps des cerises

Peter Freeborn
Un homme sous influence

Ava Gardner
Ava

Charles de Gaulle
Mémoires de guerre (3 tomes)
Mémoires d'espoir

Virgil Gheorghiu
La 25e heure
La vie de Mahomet

Mep Gies
Elle s'appelait Anne Frank

Françoise Giroud
Alma Mahler
Jenny Marx

Françoise Giroud/ Günter Grass
Écoutez-moi

Almudena Grandes
Les vies de Loulou

Michel de Grèce
Le dernier sultan
L'envers du soleil
La femme sacrée
Le palais des larmes

Luanshya Greer
Bonne Espérance

Jean Grémion
La planète des sourds

Joëlle Guillais
La Berthe

Jan Guillou
La fabrique de violence

Sacha Guitry
Les femmes et l'amour

Caroline Guttman
Le secret de Robert le Diable

Marek Halter
Argentina, Argentina
Le fou et les rois
La mémoire d'Abraham
Les fils d'Abraham
Un homme, un cri

Joséphine Hart
Dangereuse

Bill Hayes
Midnight Express

Jeanine Henry-Suchet
La fontaine couverte

Katharine Hepburn
Moi, histoire de ma vie

Catherine Hermary-Vieille
Un amour fou

David Heyman
Jackie

Alice Hoffman
La ville qui avait peur d'une enfant

Stephane Hoffmann
Château Bougon

Jerry Hopkins/ Daniel Sugerman
Personne ne sortira d'ici vivant

Thomas Hoving
L'affaire Vélasquez

Claire Hoy/ Victor Ostrovsky
Mossad

Christopher Hudson
La déchirure

Nicolas Hulot
Les chemins de traverse

Denis Humbert
La malvialle

Jill Ireland
La brisure

Susan Isaacs
Une lueur dans la nuit

Christian Jacq
Champollion l'Égyptien
Maître Hiram et le roi Salomon
Pour l'amour de Philae
La reine Soleil

John Jakes
Nord et Sud (5 tomes)
California Saga (2 tomes)

Annette Kahn
Robert et Jeanne

Brigitte Kernel/ Éliane Girard
Les mecs

Olivier de Kersauson
Fortune de mer
Mémoires salées
Vieil océan

Michael Korda
Les monstres sacrés

Roselyne Laele
Marie du Fretma

Jean-Yves Lafesse
Les grandes impostures téléphoniques

Françoise Lalande
Madame Rimbaud

Alexandra Lapierre
L'absent

Éric Laurent
Tempête du désert

Éric Laurent/ Pierre Salinger
La guerre du Golfe

Marie Lebey
Un ange en exil

André Legal
L'or des sables

Capitaine Legorjus
La morale et l'action

Christian Lehman
La tribu

Marty Leimbach
Le choix d'aimer

Serge Lentz
La stratégie du bouffon

Marie-Laure de Léotard
Nous les bourgeoises

Ira Levin
Sliver

Michel Lévine
La comtesse de Monte-Cristo

Agnès L'Herbier
La vie aux trousses

Betty Jean Lifton
Janusz Korczak : le roi des enfants

Jean-Marie Lustiger
Dieu merci, les droits de l'homme

Jennifer Lynch
Le journal secret de Laura Palmer

Savador de Madariaga
Christophe Colomb
Hernán Cortés

Betty Mahmoody
Jamais sans ma fille

Michèle Manceaux
Le fils de mon fils

Raymond Martin
Souvenirs d'un médecin légiste

Ronald Mary
Tout ce que vous pouvez faire pour sauvegarder l'environnement

Bruno Masure
À pleins tubes
Le dictionnaire analphabétique

Sylvie Mathurin
Le temps passe... le cœur reste

Robert Matthieu
Échec à la dictature fiscale
Le racket fiscal

Jacques Mazeau
De l'autre côé de la rivière

Raymonde Ménuge-Wacrenier
Zabelle

Robert Merle
Fortune de France
En nos vertes années
Paris, ma bonne ville
Le prince que voilà
La violente amour
La pique du jour
Le jour ne se lève pas pour nous
L'idole

Max Meynier
Quoi de neuf mon cœur ?

Claude Michelet
Cette terre est la vôtre
Edmond Michelet, mon père
J'ai choisi la terre
La grande muraille
Rocheflame
Une fois sept
Des grives aux loups
Les palombes ne passeront plus
L'appel des engoulevents

James A. Michener
Alaska (2 tomes)
Caraïbes (2 tomes)

Rachid Mimouni
De la barbarie en général et de l'intégrisme en particulier

Hugues de Montalembert
À perte de vue

Hubert Monteilhet
Néropolis

Marcel Morin/ Françoise Wissen
La planète blanche

Elvire Murail
Bingo !

Annie Murat
Le servan

Zana Mushen
Vendues

Jean-François Nahmias
L'homme à la licorne

Georges N'Guyen Van Loc
Le Chinois

Haing N'Gor
Une odyssée cambodgienne

Bess Nielsen/
Marco Koskas
L'étrangère

Bruno Ouachee
L'asticot

Michel Peissel
La Tibétaine

François Périer
Profession menteur

Nathalie Perreau
L'amour en soi

Michel Peyramaure
La passion Béatrice

Colette Piat
Adieu Moïse

Bernard Pierre
Ils ont conquis l'Himalaya

Le roman du Danube
Le roman du Mississipi
Le roman du Nil

Bernard Pouchèle
L'étoile et le vagabond

Mario Puzo
Le parrain

Yann Queffélec
La femme sous l'horizon
Le maître des chimères
Prends garde au loup

Nancy Reagan
À mon tour

Françoise Renaudot/
Marcelle Routier
L'enfant né à la fin d'un monde

Georges Renault
La mort de Marie

Griselidis Real
Le passé imaginaire

Françoise Rey
La femme de papier

Jean-Michel Ribes
J'ai encore oublié Saint Louis

Pierre Richard
Le petit blond dans un grand parc

Valérie Rodrigue
La peau à l'envers

Nadine de Rothschild
Le bonheur de séduire, l'art de réussir

Marie Rouannet/
Henri Jurquet
Apollonie

Francis Ryck/
Marina Edo
Les genoux cagneux

Joseph Saade/ Frédéric Brunnquell/ Frédéric Couderc
Victime et bourreau

Camille Saferis
La manuel des premières fois

Thérèse de Saint-Phalle
L'odeur de la poudre

San-Antonio
Béru Béru
Béru et ces dames
Les clés du pouvoir sont dans la boîte à gants
Les cons (2 tomes)
Faut-il tuer les petits garçons qui...
Histoire de France vue par San-Antonio
Le mari de Léon
La sexualité
Le standinge selon Bérurier
Un tueur kaput
Les vacances de Bérurier
La vieille qui marchait dans la mer
Y a-t-il un Français dans la salle ?

Béatrice Saubin
L'épreuve

Nathalie Schweighoffer
J'avais douze ans...

Édouard Schuré
Les grands initiés

Fanny Seguin
L'arme à gauche

Claude Seignolle
Le diable en sabots
La malvenue
Marie la Louve
La nuit des Halles

Jacques Serguine
Cruelle Zélande

Alex Shoumatoff
Qui a tué Chico Mendes ?

Christian Signol
Les amandiers fleurissaient rouge
Antonin, paysan des Causses
Les cailloux bleus
Les chemins d'étoiles
Marie des brebis
Les menthes sauvages
La rivière Espérance
Le royaume du fleuve

Mitchell Smith
La cité des pierres

Wilbur Smith
Au péril de la mer
Le léopard chasse la nuit
L'œil du tigre
L'oiseau de soleil

André Soussan
Octobre II

Cathy Cash Spellman
L'Irlandaise

Bram Stocker
Dracula

Paul-Loup Sulitzer
Les riches (I)

Haroun Tazieff
La terre va-t-elle cesser de tourner ?

Jean-Pierre Thierry
Bon appétit, messieurs !

Jean-Michel Thibaux
L'or du diable

André Tilieu
Brassens auprès de son arbre

Denis Tillinac
L'hôtel Kaolack
Maisons de famille
Un léger malentendu

Caroline Tiné
L'immeuble

Alfred Tomatis
Les troubles scolaires

Henri Troyat
La clef de voûte
Faux jour
La fosse commune
Grandeur nature
Le jugement de Dieu
Le mort saisit le vif
Les semailles et les moissons (5 tomes)
La tête sur les épaules

Léon Uris
Exodus

Anne Vallaeys
Coup de bambou

Valérie Valère
Laisse pleurer la pluie sur tes yeux

Jean-Marc Varaut
L'abominable docteur Petiot

D. Varrod/C. Page
Goldman, portrait non conformiste

June Clark Vendall
La vie sauvage

Françoise Verny
Le plus beau métier du monde

Charles Villeneuve/ Patrice de Meritens
Les masques du terrorisme

Rudolph Vrba/ Alan Bestic
Je me suis évadé d'Auschwitz

Mika Waltari
Les amants de Byzance

Jean le Pérégrin

KIM WOZENCRAFT
Rush

WRIGHT
Christina Onassis

XXX
Constance
Souvenirs d'une gamine effrontée

JACQUES ZELDE
Gribiche

Achevé d'imprimer en février 1996
sur les presses de l'Imprimerie Bussière
à Saint-Amand (Cher)

POCKET - 12, avenue d'Italie - 75627 Paris Cedex 13
Tél. : 44-16-05-00

— N° d'imp. 308. —
Dépôt légal : février 1995.

Imprimé en France